10

DISFRUTE SU JORNADA

JOYCE MEYER

NEW YORK | BOSTON | NASHVILLE

FaithWords
Hachette Book Group
1290 Avenue of the Americas
New York, NY 10104
www.faithwords.com
twitter.com/faithwords

Publicado originalmente en 1996 bajo
el título *Enjoying Where You Are*

Primera edición: Junio 2017

FaithWords es una división de
Hachette Book Group, Inc.
El nombre y el logotipo de FaithWords es una
marca registrada de Hachette Book Group, Inc.

International Standard Book
Number: 978-1-4789-2066-3

Impreso en los Estados Unidos de América

WOR

10 9 8 7 6 5 4 3 2 1

CONTENIDO

Introducción vii

1   La vida es una jornada 1
2   Tome la decisión de disfrutar la vida 5
3   Remordimiento y aversión............ 11
4   La alegría y la paz se encuentran
    en creer 19
5   Simplicidad 27
6   Ser como niños 43
7   La complicación de la religión 55
8   Legalismo en términos prácticos....... 63
9   Demasiados problemas para disfrutar
    la vida 73
10 Diversidad y creatividad 85
11 Gozo en la sala de espera de Dios...... 99
12 Libertad en las relaciones 115
13 No envenene su gozo 127
    Conclusión: Acabe su carrera
    con gozo 133

Bibliografía 137
Notas........................ 139
Acerca de la autora 143

INTRODUCCIÓN

Creo que la vida debería ser una celebración. Hay demasiadas personas que ni siquiera disfrutan la vida, mucho menos la celebran. Frecuentemente digo que muchas personas van camino al cielo, pero muy pocas están disfrutando la jornada. Durante muchos años yo era una de esas personas.

Pero gracias a Dios, el Señor me ha enseñado bastante acerca de cómo disfrutar la vida. Por medio de su gracia, Dios me ha mostrado que la vida que Él nos ha dado tiene el propósito de ser disfrutada. Jesús dijo que su **"propósito es darles una vida plena y abundante"** según Juan 10:10 en la *Nueva Traducción Viviente*. Hay muchas escrituras similares de la Biblia que expondré en este libro que nos muestran que es la voluntad de Dios que disfrutemos cada día de nuestra vida.

Creo que leer este libro podría ser transformador para usted. Posiblemente usted sea como yo lo fui en cierto momento. Usted verdaderamente ama al Señor con todo su corazón, y está tratando tan duro de agradarlo que se está olvidando de vivir la vida plena y abundante que le ha dado.

Disfrutar la vida no se basa en circunstancias que

se puedan disfrutar; es una actitud del corazón, una decisión de disfrutarlo todo, porque todo—incluso los detalles al parecer insignificantes—tiene su parte en el "panorama" general de la vida.

Cuando, finalmente, caí en cuenta de que no estaba disfrutando mi vida, tuve que tomar una decisión de calidad para descubrir lo que estaba mal y rectificarlo. Esta decisión exigió que aprendiera nuevas maneras para manejar ciertas situaciones.

Una vez que descubrí que el mundo no iba a cambiar, decidí que mi actitud hacia algunos de los "limones" de la vida necesitaba un ajuste. Había escuchado a alguien decir que los limones nos pueden volver agrios o podemos hacerlos limonada. Mi decisión de hacer limonada en lugar de agriarme requirió que aprendiera a equilibrar mis hábitos de trabajo.

Yo era una adicta al trabajo que encontraba una gran satisfacción en el logro. Por supuesto, Dios desea e incluso nos ordena que demos fruto. No deberíamos desperdiciar el tiempo y "no hacer nada", pero una actitud desequilibrada en esta área causa que muchas personas experimenten agotamiento de un estilo de vida de puro trabajo y nada de juego. Yo era una de esas personas. De hecho, no sabía cómo jugar y disfrutarlo verdaderamente. Siempre sentía que debería estar trabajando. Me sentía segura solo cuando estaba haciendo algo "constructivo".

También tenía que cambiar mi actitud hacia la gente. Aprendí que una de las razones por las que no disfrutaba la vida era porque no disfrutaba a la mayoría de las personas en mi vida. Estaba tratando de cambiarlos para entonces encontrarlos disfrutables, en lugar de aceptarlos tal cual eran y disfrutarlos mientras Dios los estuviera cambiando.

Creo que todos nosotros verdaderamente necesitamos enseñanza sobre este tema de disfrutar el lugar donde nos encontramos en el camino hacia donde nos dirigimos. Mi oración es que este libro sea una bendición grande en su vida, y que, a medida que lo vaya leyendo, Dios lo lleve a una encrucijada—un momento de decisión—donde pueda escoger a comenzar a celebrar la vida...todos los días.

1
La vida es una jornada

El propósito del ladrón es robar y matar y destruir; mi propósito es darles una vida plena y abundante.

Juan 10:10

He llegado a caer en cuenta de que no hay nada tan trágico como estar vivo y no disfrutar la vida. Desperdicié mucha de mi propia vida porque no sabía cómo disfrutar el lugar donde me encontraba mientras estaba en camino hacia donde iba.

La vida es una jornada. Todo en ella es un proceso. Tiene un principio, un punto medio y un final. Todos los aspectos de la vida siempre se están desarrollando. La vida es movimiento. Sin movimiento, avance y progreso, no hay vida. Algo que haya cesado de progresar, está muerto.

En otras palabras, mientras usted y yo estemos vivos, siempre vamos a estar yendo a otro lado. Fuimos creados por Dios para ser visionarios orientados por metas. Sin una visión, nos atrofiamos y nos volvemos aburridos y desesperanzados. Necesitamos tener algo que alcanzar, pero en el esforzarnos hacia lo que depara el *futuro,* ¡no debemos perder de vista el *ahora!*

Creo que este principio se puede aplicar a cada área de la vida, pero consideremos solo una de esas áreas. Digamos que una persona que no es salva y que no tiene una relación con Dios llega a tener la consciencia de que algo falta en su vida y comienza a buscar. El Espíritu Santo lo atrae al punto en el que es confrontado con tomar la decisión de poner su fe en Cristo. Así que acepta a Dios y luego avanza del punto de buscar un algo desconocido a descubrir Quién es ese algo. Al hacerlo, entra al momento temporal de satisfacción y plenitud.

Por favor, observe que dije: *temporal*, porque pronto el Espíritu Santo va a comenzar a atraerlo para seguir hacia un lugar más profundo en Dios. El proceso de convicción de pecado comenzará en su vida diaria por medio de la presencia del Espíritu Santo, quien es el que revela la verdad (Juan 14:16–17), trabajando continuamente en el creyente para traerlo a nuevos niveles de consciencia. Y, entrar a un nuevo nivel, siempre significa dejar uno viejo atrás.

Siempre nos estamos dirigiendo a alguna parte, espiritualmente, y deberíamos disfrutar la jornada. Deberíamos disfrutar el lugar en el que estamos, incluso cuando nos mantenemos avanzando en nuestra relación con Dios, buscando su voluntad para nuestra vida, permitiéndole que trate con nosotros con respecto a nuestras actitudes y problemas, deseando conocer su plan para nuestra vida y cumpliéndolo; todas estas cosas son parte de la jornada del cristianismo.

"Desear" y "buscar" son palabras que indican que no podemos quedarnos donde estamos. ¡Debemos avanzar! No obstante, este es precisamente el momento en el que la mayoría de nosotros perdemos la capacidad de disfrutar la vida.

Debemos aprender a buscar la siguiente fase en nuestra jornada sin menospreciar o hacer menos el lugar en el que nos encontramos actualmente.

En mi propia jornada espiritual, finalmente aprendí a decir: "No estoy donde necesito estar, pero, gracias a Dios, no estoy donde solía estar. ¡Estoy bien y en camino!".

La lucha espiritual por la que la mayoría de nosotros pasamos podría ser aliviada casi en su totalidad si entendemos el principio de disfrutar donde estamos a medida que avanzamos en nuestra jornada con Cristo, progresando un poco más cada día.

Creo que cambio a diario. Tengo metas en cada área de mi vida y deseo mejorar en todas las cosas. Para este tiempo, el próximo año, seré diferente de lo que soy ahora. Varias cosas en mi vida, mi familia y mi ministerio habrán mejorado. Pero las buenas noticias son que he descubierto un secreto que satisface el alma: disfrutar donde estoy en el camino a donde voy.

Podemos decir que siempre hay algo nuevo en el horizonte. El Señor me mostró esta verdad hace muchos años cuando estaba considerando inscribirme a un instituto bíblico patrocinado por nuestra iglesia tres noches a la semana. Era un compromiso grande para mi marido, Dave, y yo. En esa época teníamos tres hijos pequeños en casa, y, no obstante, sentimos que Dios nos estaba llamando a un nuevo nivel de ministerio. Estaba emocionada, pero ansiosa.

Una vez que tomamos la decisión, comencé a sentir que este compromiso sería "lo" que haría "toda" la diferencia en el mundo. Al parecer los humanos siempre estamos buscando "eso".

Mientras estaba considerando esta decisión, Dios me mostró un horizonte. Mi esposo y yo nos estábamos dirigiendo hacia él, pero cuando finalmente nos acercábamos, otro horizonte aparecía más allá del primero. Representaba otro lugar más al cual extendernos una vez que hubiéramos llegado al que nos dirigíamos.

Mientras meditaba en lo que estaba viendo, el Señor le habló a mi corazón y me dijo que habría constantemente nuevas metas frente a nosotros. Sentí como si Dios me estuviera diciendo que no pensara en términos pequeños, que no me volviera de mente estrecha, que no hiciera planes pequeños, sino que siempre me extendiera al siguiente lugar que me llevaría más allá de donde estaba. Pero que mientras estuviéramos tomando pasos hacia la siguiente meta, todavía encontraríamos gozo, paz y plenitud hoy, en el *ahora*. En otras palabras, podríamos disfrutar la jornada mientras estuviéramos en camino a donde estábamos yendo. Lamento decir que, aunque continué avanzando y no fui complaciente, me tomó varios años aprender a disfrutar cada paso de la jornada.

2
Tome la decisión de disfrutar la vida

A los cielos y a la tierra llamo por testigos hoy contra vosotros, que os he puesto delante la vida y la muerte, la bendición y la maldición; escoge, pues, la vida, para que vivas tú y tu descendencia.

Deuteronomio 30:19

En la Palabra de Dios somos exhortados a escoger la vida. La palabra hebrea traducida como "vida" en Deuteronomio 30:19 es *chay*, y significa, entre otras cosas: "fresco", "fuerte", "lleno de vida" y "feliz".[1]

En Juan 10:10, Jesús dijo que vino para que tengamos vida. Según el *Diccionario expositivo de palabras del Antiguo y Nuevo Testamento exhaustivo de Vine,* la palabra griega del Nuevo Testamento traducida como "vida" es *zoe* y significa, en parte: "…vida como la que tiene Dios, la que el Padre tiene en sí mismo, y que le dio al Hijo encarnado para que tuviera en sí mismo… y que el Hijo manifestó al mundo…".[2]

El diccionario bíblico continúa diciendo: "De esta vida el hombre fue alienado como consecuencia de la Caída […] y de esta vida los hombres se vuelven participantes por medio de la fe en el Señor Jesucristo…".

La vida a la que se hace referencia aquí no es simplemente un periodo. Es una calidad de existencia; vida como la que tiene Dios. Perdimos ese tipo de vida divina a causa del pecado, pero la podemos tener de vuelta por medio de Jesús. Es el regalo de Dios para nosotros en su Hijo.

No puedo imaginar que Dios no lleve una vida completamente disfrutable. Para, incluso, comenzar a comprender la calidad de vida que Dios disfruta, debemos cambiar nuestra perspectiva moderna de lo que es realmente la vida.

Muchas personas han caído en la trampa de creer que la cantidad es mejor que la calidad, pero esto no es cierto. Esta mentira de Satanás ha sido propulsada por el espíritu de codicia que prevalece en nuestro mundo actualmente. Se está volviendo cada vez más y más difícil encontrar cualquier cosa que sea de excelente calidad. En la mayoría de las naciones industrializadas del mundo, especialmente en los Estados Unidos, hay abundancia de todo, y, no obstante, hay más personas infelices que nunca antes.

Creo que, si tuviéramos más calidad y menos cantidad, experimentaríamos más alegría verdadera en nuestras vidas diarias. Sería mucho mejor vivir cuarenta años a plenitud, verdaderamente disfrutando cada aspecto de la vida, que vivir cien años y nunca disfrutar nada. Gracias a Dios, podemos tener ambas —una larga vida y una vida de calidad—, pero estoy tratando de comunicar la supremacía de la calidad contra la cantidad.

Como creyentes, usted y yo tenemos a nuestra disposición la misma calidad de vida que Dios tiene. Su vida no está llena de temor, estrés, preocupación, ansiedad o depresión. Dios no es impaciente, y no tiene prisa. Se toma el tiempo de disfrutar su creación, las obras de sus manos.

Por ejemplo, en el relato de la Creación en Génesis 1, la Escritura con frecuencia dice que después de que Dios creó cierta porción del universo en el que vivimos, vio que era buena (adecuada, agradable, conveniente, admirable) y que la aprobó (consulte los versículos 4, 10, 12, 18, 21, 25, 31). Me parece que, si Dios se tomó el tiempo de disfrutar cada fase de su creación—su trabajo—, entonces usted y yo también deberíamos tomarnos el tiempo de disfrutar nuestro trabajo. Deberíamos trabajar no solo para lograr, sino también para disfrutar nuestros logros.

Aprenda a disfrutar no solo su trabajo y sus logros, sino incluso el viaje de ida al trabajo por la mañana. Decida no frustrarse tanto con el tráfico ni pensar tanto en lo que necesita hacer al llegar que no disfrute el viaje.

La mayoría de la gente siente aversión hacia el viaje a casa desde el trabajo por la noche e incluso lo menosprecia. Están cansados, el tráfico está pesado y comienzan a pensar en todas las cosas que tienen que hacer, pero que no quieren hacer, cuando lleguen a casa: cocinar la cena, ir a la tienda, cambiar el aceite del coche, ayudar a los niños con la tarea, etc.

Quiero alentarlo a ser intencional con respecto a disfrutar cada aspecto de su día; su tiempo a solas en el tráfico, su tiempo planificando una reunión, su tiempo preparando una comida para su familia o lo que sea que necesite hacer.

Todo lo que se necesita para comenzar a disfrutar la vida al máximo es una decisión.

¡Una decisión lo puede cambiar todo!

Nunca disfrutaremos la vida a menos que tomemos la decisión de calidad de hacerlo.

Con el fin de vivir como Dios quiere que vivamos, lo primero que debemos hacer es verdaderamente creer que es la voluntad de Dios que experimentemos gozo continuo. Entonces debemos decidir entrar en ese gozo. Abajo se encuentra una lista de pasajes de la Escritura en la que Jesús mismo reveló que es la voluntad de Dios que nosotros disfrutemos la vida.

> **El ladrón no viene sino para hurtar y matar y destruir; yo he venido para que tengan vida, y para que la tengan en abundancia.**
>
> **Juan 10:10**

> **Estas cosas os he hablado, para que mi gozo esté en vosotros, y vuestro gozo sea cumplido.**
>
> **Juan 15:11**

Hasta ahora nada habéis pedido en mi nombre; pedid, y recibiréis, para que vuestro gozo sea cumplido.

Juan 16:24

Pero ahora voy a ti; y hablo esto en el mundo, para que tengan mi gozo cumplido en sí mismos.

Juan 17:13

Jesús quiere que experimentemos gozo en nuestra alma. Es importante para nuestra salud física, mental, emocional y espiritual. Proverbios 17:22 dice: **"El corazón alegre constituye buen remedio; mas el espíritu triste seca los *huesos*".**

¡Es la voluntad de Dios que disfrutemos la vida!

A medida que continuemos, compartiré otros conocimientos que el Señor me ha mostrado que me han ayudado a aprender cómo tener la vida abundante por la que Jesús murió para darme. Algunos de ellos hablarán a su corazón, estoy segura. Otros posiblemente no se ajusten a su situación personal como lo hicieron con la mía, pero los principios se pueden aplicar dondequiera que los necesite.

"Disfrute el momento", es un buen lema, especialmente cuando se une al Salmo 118:24: **"Este es el día que hizo Jehová; nos gozaremos y alegraremos en él".**

3
Remordimiento y aversión

Hermanos, yo mismo no pretendo haberlo ya alcanzado; pero una cosa hago: olvidando ciertamente lo que queda atrás, y extendiéndome a lo que está delante, prosigo a la meta, al premio del supremo llamamiento de Dios en Cristo Jesús.

Filipenses 3:13–14

El remordimiento por el pasado y la aversión al futuro son ambos ladrones de gozo.

Examinemos cada uno de ellos a detalle para aprender lo que los causa y cómo evitarlos a medida que continuamos nuestra búsqueda para disfrutar la vida abundante que Dios nos ha provisto a través de su Hijo Jesús.

Remordimiento

Muchas personas se quedan atrapadas en el pasado. Solo hay una cosa que se puede hacer acerca del pasado: olvidarlo.

Cuando cometemos errores, como todos lo hacemos, lo mejor que podemos hacer es pedirle perdón a Dios y seguir adelante. Como dice Pablo en los versículos anteriores, todos estamos prosiguiendo hacia la meta, en búsqueda de la perfección, pero ninguno de nosotros ha llegado.

Creo que Pablo disfrutaba su vida y su ministerio y esta "una cosa" suya era parte de la razón por qué. Como nosotros, Él estaba prosiguiendo hacia la meta, en búsqueda de la perfección, admitiendo que no había llegado todavía, pero tenía entendimiento de cómo disfrutar su vida mientras estaba haciendo el viaje.

Hasta que aprendamos a olvidar nuestros errores y nos rehusemos a vivir con remordimiento por el pasado, nunca disfrutaremos la vida realmente.

Los errores son parte regular de la vida, y yo pasé muchos años odiándome a mí misma por cada uno de mis fracasos. Quería desesperadamente ser una buena cristiana y agradar a Dios. Pero todavía pensaba que era mi desempeño perfecto lo que lo agradaría. Aún no había aprendido que lo que a Él le agrada es mi fe.

En Hebreos 11:6 leemos: **"Pero sin fe es imposible agradar a Dios…"**.

Incluso cuando cometemos errores y desperdiciamos tiempo precioso como resultado de esos errores, es inútil estar molestos cuando podríamos estar disfrutando la vida y seguir sintiéndonos miserables por un largo periodo a causa del error original. Dos tropiezos nunca van a enmendar nada.

¡Siempre recuerde que el remordimiento le roba el gozo *ahora!*

Dios nos ha llamado a un andar de fe. La fe opera en el *ahora;* en este momento.

Hebreos 11:1 declara: "Es, **pues, la fe la certeza de lo que se espera, la convicción de lo que no se ve**".

Este versículo comienza con la palabra "es". Aunque sé que la palabra griega de la que fue traducida de hecho significa "pero, y, etc."[1] más que "en este punto del tiempo", sigo creyendo que el término se puede usar para describir la fe misma.

¡La fe opera *ahora!*

Sin fe no puedo disfrutar mi vida. Cada vez que pongo mi fe a un lado y dejo de creer, pierdo mi paz y, tan pronto pierdo la paz, el gozo la sigue también.

Hay muchas cosas de las que nos lamentamos.

Una mañana Dave me despertó a la hora de siempre, y yo no había dormido todo lo que necesitaba, así que decidí dormir un poco más. Normalmente me levanto a las 6:00 a. m., pero esa mañana en particular dije: "Déjame dormir otros cuarenta y cinco minutos".

Cuando Dave me despertó cuarenta y cinco minutos después, lo primero que sentí fue el remordimiento de no haberme levantado más temprano.

Así es como opera el diablo. Dios le avisa a usted que lo que está a punto de hacer está mal, para que pueda cambiar de opinión antes de cometer un error. Pero Satanás se espera hasta que es demasiado tarde, cuando ya no puede hacer nada al respecto, y luego trata de traer remordimiento y, finalmente, condenación, sobre usted.

Si hubiera estado mal que me durmiera cuarenta y cinco minutos adicionales, Dios, por su Espíritu, me lo hubiera dicho claramente antes de volverme a dormir. No hubiera esperado hasta que no hubiera nada que hacer al respecto, para después llenarme de remordimiento de manera que no pudiera disfrutar el resto del día.

Incluso cuando usted debería haber dormido un poco más o se vuelve a dormir cuando debería haberse levantado temprano, lamentarse de esa situación sigue sin ser la respuesta. Arrepiéntase, pídale a Dios que lo ayude a ser más disciplinado y a tener más dominio propio, y luego siga adelante. Si usted ya desperdició parte de su día, durmiendo más de lo que necesitaba, no tiene caso desperdiciar más, lamentándose por la parte que ya desperdició.

Usted encontrará muchas áreas en las que Satanás trata de provocarle remordimiento, que es uno de los ladrones del gozo. Ya no le permita usar el remordimiento para robarle el gozo. Decida dejar ir el remordimiento y siga adelante para disfrutar el día.

Aversión

La aversión nos provoca lo mismo que el remordimiento, excepto que la aversión se dirige al futuro, mientras que el remordimiento se enfoca en el pasado.

Durante muchos años, me sentía como si el remordimiento tiraba de uno de mis brazos y la aversión del otro. Sentía como si me estuvieran partiendo, y ni siquiera sabía cuál era el problema.

El remordimiento y la aversión están arruinando la vida de muchas personas, robando su gozo en la vida. Y yo quiero compartir estas verdades con usted porque creo que puede aprender de mis errores y evitar mucha de la miseria que sufrí.

Tener aversión a las cosas puede ser un hábito, una actitud que desarrolla letargo o pereza. La procrastinación y la aversión al futuro con frecuencia trabajan juntas. Se tiene aversión a realizar una tarea, así que la procrastinación dice: "Diférela para más tarde". Eso suena bien por unos minutos, pero la tarea sigue allí para sentir aversión hacia ella hasta que se lleva a cabo. Sería mucho mejor realizar el trabajo y quedar libres para dedicarnos a otras cosas.

Quizá no lo sepa—o haya caído en cuenta de ello—, pero la aversión al futuro es un pariente cercano del temor.

Sabemos que Dios no nos ha dado un espíritu de temor (2 Timoteo 1:7), y como Él no nos ha dado un espíritu de temor, sabemos que tampoco nos ha dado uno de aversión. De hecho, la Biblia nos enseña en varios lugares a no tener temor ni aversión.

En Deuteronomio 1:29–30, Moisés les dijo a los hijos de Israel que no temieran (le tuvieran aversión) a sus enemigos que tenían posesión de la Tierra

Prometida: "**Entonces os dije: No temáis, ni tengáis miedo de ellos. Jehová vuestro Dios, el cual va delante de vosotros, él peleará por vosotros, conforme a todas las cosas que hizo por vosotros en Egipto delante de vuestros ojos**".

Observe que el versículo 30 habla de que "vuestro Dios, el cual va delante de vosotros". Jesús es nuestro Pionero (Hebreos 2:10). Eso significa que Él va delante de nosotros y nos abre camino. Cuando un proyecto parece imposible o desagradable, confíe que su Pionero (Jesús) irá delante de usted y allanará el camino.

He descubierto que tener aversión a una tarea es de hecho más doloroso que realizarla. Una vez llevada a cabo, está terminada; pero mientras la deje para más tarde, la aversión continúa y continúa. Podemos tenerle aversión a algo importante o algo de poca importancia. Algunas personas sienten aversión por levantarse en la mañana, lidiar con el tráfico, confrontar a alguien, manejar al jefe o a sus empleados volver a casa después del trabajo. Le tienen aversión a lavar los platos, ir a la tienda de comestibles, lavar la ropa, limpiar el armario, tratar con los parientes y sus problemas. Algunos incluso le tienen aversión a irse a la cama por la noche.

En su propia vida, quizá quiera ropa nueva, pero le tenga aversión a ir de compras. Probablemente quiera ver a un amigo o a un pariente que vive a cierta distancia, pero no quiere ir porque siente aversión a manejar hasta allá. El viaje podría hacerse agradable cambiando de actitud. Use el tiempo sabiamente a través de orar o escuchar audiolibros o sermones.

La mayoría de la gente le tiene aversión al ejercicio, pero es algo que todos necesitamos. Es importante para mí llevar a cabo un poco de ejercicio aeróbico, así que uso la caminadora. Como la mayoría de la gente, deseo tener los beneficios del ejercicio, y, no obstante, pensamientos negativos de aversión llenan mi mente y se derraman sobre mis emociones. Sin embargo, no tengo que mantener estos pensamientos solo porque el diablo me los ofrezca. ¡He aprendido a decir que no! Tan pronto el Espíritu Santo me hace consciente de la presencia de la aversión, digo: "No le voy a tener aversión, simplemente voy a hacerlo".

Si permito que la *aversión* evite que haga ejercicio, entonces voy a tener *remordimientos* de no haberlo hecho. En lugar de ello, uso el tiempo que paso haciendo ejercicio en oración. Algunas veces le pido a mi asistente que se siente a mi lado y resolvemos problemas de la oficina mientras me ejercito.

Al hacer ejercicio es posible escuchar su música favorita o incluso ver televisión. Un ajuste de actitud y de manera de hacer las cosas puede cambiarlo todo.

Que este sea un día de decisión para usted: un día en el que usted decida ya no operar en remordimiento y aversión. Conviértase en una persona del *ahora*. Viva en el presente, no en el pasado o el futuro. Dios tiene un plan para su vida ahora. Confíe en Él hoy. No lo deje para otro día.

Creer en Dios lo lleva a su reposo y le pone fin al tormento causado por vivir en el remordimiento y la aversión, pero usted debe actuar para creerle a Dios hoy. No espera hasta mañana.

He aprendido por mi propia experiencia que vivir la vida un día a la vez es algo que se puede hacer.

Dios me da la gracia para hoy, pero no me da la gracia para mañana o ayer. Cuando estoy en el ayer, trae una gran presión al presente. Lo mismo sucede si me estoy enfocando en el futuro, si le tengo aversión o estoy tratando de dilucidar qué me depara. Incluso he descubierto que me hará volverme gruñona, porque tengo que hacerlo bajo presión.

Cuando Dios unge algo, el Espíritu Santo está allí para facilitarlo. El aceite es el símbolo del Espíritu Santo, y el aceite habla de facilidad. Cuando ese aceite o unción no está allí, se vuelve difícil.

Sin la unción, las cosas se tienen que hacer bajo presión. Vivir en remordimiento y aversión trae presión.

Remueva la presión, créale a Dios y entre en su reposo.

Sea una persona del *ahora*.

4

La alegría y la paz se encuentran en creer

Porque el reino de Dios no es comida ni bebida,
sino justicia, paz y gozo en el Espíritu Santo.

Romanos 14:17

El gozo nunca es liberado a través de la incredulidad, pero siempre está presente cuando hay fe.

Creer es mucho más simple que no creer.

Si no le creemos a Dios, su Palabra y sus promesas, entonces nos queda la labor de razonar y tratar de resolver los asuntos por nosotros mismos.

El autor de Hebreos 4:3 señaló que "**los que hemos creído entramos en el reposo**" de Dios. En Hebreos 4:10, escribió: "**Porque el que ha entrado en su reposo, también ha reposado de sus obras, como Dios de las suyas**".

En Mateo 11:28, Jesús dijo: "**Venid a mí todos los que estáis trabajados y cargados, y yo os haré descansar**".

Jesús nos dio la instrucción de que vengamos a Él, pero *¿cómo* hemos de venir a Él? En Hebreos 11:6 leemos: "**Pero sin fe es imposible agradar a Dios; porque es necesario que el que se acerca a Dios crea que le hay, y que es galardonador de los que**

le buscan". Eso significa que cuando venimos a Dios tenemos que hacerlo creyendo. Cuando lo hacemos, tendremos gozo, y donde hay gozo, también disfrutamos.

"¿Qué me pasa?"

Recuerdo una noche en la que me estaba sintiendo bastante miserable. Estaba dando vueltas en mi casa, haciendo lo que tenía que hacer, pero no estaba feliz; no estaba disfrutando la vida.

—¿Qué me pasa, Señor? —pregunté—. ¿Cuál es mi problema?

Al parecer ese algo estaba dando vueltas dentro mío, algo que me seguía quitando el gozo. A medida que daba vueltas por la casa, comencé a ver la cajita con versículos que tengo en mi escritorio.

La abrí y el Espíritu Santo dentro de mí instantáneamente me confirmó la escritura que saqué: "**Y el Dios de esperanza os llene de todo gozo y paz en el creer, para que abundéis en esperanza por el poder del Espíritu Santo**" (Romanos 15:13).

De inmediato supe que una gran parte de mi problema era que estaba dudando en lugar de creer. Estaba dudando del llamado de Dios en mi vida, preguntándome si Él supliría nuestra necesidad financiera, cuestionando mis decisiones y acciones, etc.

Me había vuelto negativa en lugar de positiva.

Estaba dudando en lugar de estar creyendo.

La duda es una actitud que se nos puede infiltrar fácilmente: sin embargo, podemos mantenernos alertas espiritualmente por medio de enfocarnos en la Palabra de Dios y no permitir que determine nuestro estado de ánimo. La duda ciertamente puede llamar a la puerta de nuestro corazón. Cuando lo haga responda con un corazón que cree, y siempre mantendrá la victoria.

La mente que duda, la mente negativa, está llena de razonamientos. Gira alrededor y alrededor de la circunstancia o la situación, tratando de encontrar respuestas para ella. La Palabra de Dios no nos dice que busquemos nuestras propias respuestas. No obstante, se nos instruye a que confiemos en Dios con todo nuestro corazón y mente, buscarlo en todos nuestros caminos y adorarlo con humildad (Proverbios 3:5–7). Cuando seguimos los lineamientos que el Señor nos ha establecido, nos traerán su gozo y su paz.

La definición de gozo

La voluntad de Dios para nosotros es que tengamos vida y la disfrutemos. Jesús no murió por usted y por mí para que nos sintiéramos miserables. Murió para liberarnos de todo tipo de opresión y miseria. Su obra ya está terminada, y lo único que queda ser completado es que *creamos*.

El diccionario Webster en inglés define la palabra *gozo* como: "Gran placer o felicidad: DELEITE", "La expresión o demostración de esta emoción", "Una fuente u objeto de placer o satisfacción" y (en la forma arcaica): "Ser lleno de gozo", o: "Difrutar".[1]

Mi entendimiento acerca del gozo, como resultado de años de estudiar el tema, es que cubre un amplio rango de emociones, desde el tranquilo deleite a la hilaridad extrema. Los momentos de hilaridad extrema son divertidos, y todos necesitamos esos momentos de reír hasta que nos duelan las entrañas. Pero probablemente no vivamos nuestra vida en esa manera cotidianamente. Más tarde en el libro hablaremos acerca del valor de la risa. Dios nos ha dado la habilidad de reír, ¡así que debe existir una razón para ello!

Debemos crecer en nuestra capacidad para disfrutar la vida y ser capaces de decir: "Vivo mi vida en un estado de deleite tranquilo". Creo que el deleite tranquilo es una mezcla de paz y gozo.

Celebre la vida

Mas el fruto del Espíritu es amor, gozo, paz, paciencia, benignidad, bondad, fe, mansedumbre, templanza; contra tales cosas no hay ley.

Gálatas 5:22–23

La duda y la incredulidad son ladrones de gozo, pero la fe semejante a la de un niño libera el gozo que reside en nuestro espíritu por el Espíritu Santo que vive en nosotros. Como vemos en Gálatas 5:22–23, un fruto del Espíritu Santo es gozo. Por lo tanto, como estamos llenos del Espíritu Santo de Dios, nosotros los creyentes deberíamos expresar gozo y disfrutar nuestra vida.

Podemos verlo así: el gozo se encuentra en la parte más profunda de la persona que ha aceptado a Jesús como Salvador; el gozo está en el espíritu del creyente. Pero si nuestra alma (nuestra mente, voluntad y emociones) está llena de preocupación, pensamientos negativos, razonamientos, duda e incredulidad, estas cosas negativas se volverán como una pared que detenga la liberación del gozo que vive dentro nuestro.

El apóstol Pedro dijo que echáramos nuestras ansiedades (angustias, preocupaciones, inquietudes) sobre el Señor (1 Pedro 5:7). Pablo exhortó a los creyentes de su época: **"Por nada estéis afanosos, sino sean conocidas vuestras peticiones delante de Dios en toda oración y ruego, con acción de gracias. Y la paz de Dios, que sobrepasa todo entendimiento, guardará vuestros corazones y vuestros pensamientos en Cristo Jesús"** (Filipenses 4:6–7).

Mantenga su mente llena de pensamientos felices y agradecidos, y, a medida que confíe en Dios, Él se encargará de sus problemas.

El plan de Dios para nosotros, de hecho, es tan simple que muchas veces lo perdemos de vista. Tendemos a buscar algo más complicado—algo más difícil—de lo que se espera que hagamos para agradar a Dios. Pero en Juan 6:29, Jesús nos dijo lo que tenemos que hacer para agradar al Padre: ¡que creamos!

Hace unos años, comencé a darme cuenta de que era una persona muy complicada y que mi hábito de complicar las cosas me estaba robando el gozo; estaba evitando que realmente disfrutara la vida. Fue entonces que Dios comenzó a hablarme de simplicidad.

Con frecuencia escribo en un diario o cuaderno las cosas que Dios me está enseñando o que está tratando conmigo. Estas son algunas de las cosas que escribí cuando estaba realmente batallando con encontrar mi gozo:

He estado batallando internamente por un largo tiempo con algo que no puedo definir. Creo que Dios me está sacando de ser complicada o está tratando de enseñarme a "ser" en lugar de "hacer" todo el tiempo. Está tratando de enseñarme a disfrutar cosas sencillas.

Parece que sigo buscando algo que hacer en mi tiempo libre que realmente disfrute y sigo sin encontrar nada. Esta noche, parece ser que el Señor me dijo: "Aprende a disfrutar las cosas sencillas de la vida". Y entonces escribí: "Señor, ayúdame. Ni siquiera sé lo que es la sencillez".

Tuve que aprender, y sigo aprendiendo, lo que es la sencillez y cómo abordar las cosas con una actitud simple. Una de las cosas que he aprendido es que *creer es mucho más sencillo que dudar*. La duda trae confusión y con frecuencia depresión. Provoca que salgan de nuestra boca cosas negativa llenas de duda.

Creer, por otro lado, libera gozo y nos libera para disfrutar la vida mientras Dios se encarga de nuestras circunstancias y situaciones. Suena casi demasiado bueno para ser verdad, y es exactamente por eso que muchas personas nunca entran en el plan de Dios. Hay incontables personas que han aceptado a Jesús como su Salvador. Van camino al cielo, pero no están disfrutando el viaje.

Vivir así es como obtener una casa nueva de regalo. Usted recibe las llaves: al garaje, a la puerta principal, a la puerta trasera, al sótano y a todas las habitaciones de la casa que tienen cerraduras. La casa le pertenece; pero puede tenerla toda su vida y nunca vivir en ella ni disfrutarla si no usa las llaves para abrir las puertas y entrar.

Con frecuencia lo que evita que entremos a disfrutar la vida que Dios nos ha otorgado libremente es nuestra propia consciencia de pecado.

Disfrute a Dios

El alto llamado en la vida de cada creyente—la meta por la que cada uno de nosotros deberíamos esforzarnos—es disfrutar a Dios. Según Juan 1:4 y Juan 14:6, Él es vida, y esto nos muestra que no podemos disfrutar la vida que Jesús da hasta que aprendamos a disfrutarlo a Él.

Ninguno de nosotros puede disfrutar a Dios si estamos preocupados de que esté enojado con nosotros la mayor parte del tiempo debido a nuestros pecados.

Jesús vino a liberarnos del tipo de temor equivocado en nuestra relación con nuestro Padre celestial, y deberíamos estar relajados en su presencia. Al mismo tiempo, necesitamos tener temor reverente, el tipo de temor que provoca respeto, honra y obediencia. Pero debemos limpiar nuestro corazón y nuestra mente de cualquier pensamiento de que el Señor está enojado con nosotros. Según su Palabra, Dios está lleno de misericordia y compasión y es tardo para la ira (Nehemías 9:17).

Hace unos años, el Señor me dijo: "Joyce, no soy tan difícil de trato como la mayoría de ustedes piensan que soy". Nosotros no somos una sorpresa para Dios. Sabía lo que estaba obteniendo cuando nos atrajo a una relación con Él mismo. Nosotros simplemente necesitamos creer en su amor por nosotros.

5
Simplicidad

Respondiendo Jesús, le dijo: Marta, Marta, afanada y turbada estás con muchas cosas. Pero sólo una cosa es necesaria; y María ha escogido la buena parte, la cual no le será quitada.

Lucas 10:41–42

Como dije en el capítulo anterior, llegué a un punto en la vida en el que supe que Dios estaba tratando conmigo con respecto a la simplicidad. En ese tiempo, estaba muy complicada en casi todo lo que hacía. Ni siquiera podía recibir visitas en casa sin complicarlo.

No solo mis acciones eran complicadas, sino también mi proceso de pensamiento. Complicaba mi relación con el Señor porque tenía una perspectiva legalista de la justicia. Para mí, la vida misma era complicada. Sentía que tenía muchos problemas complejos y no me daba cuenta de que eran consecuencia de que mi perspectiva de la vida era complicada.

Cuando estamos complicados por dentro, entonces todo en la vida nos parece de esa manera.

El diccionario Webster, en inglés, define la palabra *complicar* como: "Hacer o volver complejo, intrincado o desconcertante", o: "Torcer o torcer algo

27

unido".[1] Según esta definición, si algo es *complicado* es "difícil de entender".[2] Por otro lado, el diccionario Webster, en inglés, define *simple* como: "Teniendo o siendo compuesto por solo una cosa o parte", "No complejo: FÁCIL", "Sin adiciones o modificaciones", "Sin suposiciones o pretensiones", "No engañoso: SIN-CERO"; "Que no tiene divisiones", "Sin matices".[3]

Podemos aprender mucho solo por meditar en estas definiciones. Por ejemplo: *complicar* es "torcer algo unido". Podemos ver a partir de esa definición que, si la duda y la incredulidad se mezclan o se trenzan junto con la fe, el resultado será una complicación.

Una definición de *complicado* es "desconcertante". Cuando yo mezclo la duda y la incredulidad con la fe, me siento desconcertada, sin saber qué hacer, pero activamente tratando de dilucidar qué está pasando. Escucho mucho de esto mismo por parte de otros creyentes en Cristo que hablan conmigo o que me piden oración. Están desconcertados. Sus problemas parecen ser demasiado para ellos. Se preguntan por qué sus oraciones no son escuchadas o respondidas.

En Santiago 1:6–8 leemos que el hombre de doble ánimo (complicado, desconcertado) es inconstante en todos sus caminos y que no debería esperar recibir lo que le pida al Señor; y eso incluye sabiduría y dirección.

Mientras que lo complicado es "complejo, intrincado y desconcertante", y "difícil de entender", cualquier cosa simple es fácil de entender porque está "compuesta por una sola cosa".

Durante años busqué muchas cosas: respuestas a mis situaciones, prosperidad, sanidad, éxito en el ministerio, cambios en mi familia, etc. Finalmente, aprendí con respecto a la "una cosa" que se suponía yo debería estar siguiendo.

Hace siglos el salmista escribió: **"Una cosa he demandado a Jehová, ésta buscaré; que esté yo en la casa de Jehová todos los días de mi vida, para contemplar la hermosura de Jehová, y para inquirir en su templo"** (Salmo 27:4).

Me di cuenta de que debería haber estado buscando "una cosa" en lugar de muchas cosas.

Cuando buscamos al Señor, Él se encarga de todo lo demás, como Jesús prometió en Mateo 6:33: **"Mas buscad primeramente el reino de Dios y su justicia, y todas estas cosas os serán añadidas"**.

El relato de María y Marta también ilustra esta verdad.

¿Muchas cosas o una sola cosa?

Aconteció que yendo de camino, entró en una aldea; y una mujer llamada Marta le recibió en su casa. Esta tenía una hermana que se llamaba María, la cual, sentándose a los pies de Jesús, oía su palabra. Pero Marta se preocupaba con muchos quehaceres, y acercándose, dijo: Señor,

¿no te da cuidado que mi hermana me deje
servir sola? Dile, pues, que me ayude. Respondiendo Jesús, le dijo: Marta, Marta, afanada y
turbada estás con muchas cosas. Pero sólo una
cosa es necesaria; y María ha escogido la buena
parte, la cual no le será quitada.

Lucas 10:38–42

Marta estaba preocupada y ansiosa por muchas
cosas, pero María estaba preocupada por solo una.
Marta estaba haciendo lo que estaba acostumbrada
a hacer: correr por todos lados para hacer que todo
estuviera perfecto con el fin de impresionar a Dios y
a los demás. Yo solía estar preocupada por mi repu-
tación, acerca de lo que la gente pensara. Me sentía
mejor conmigo misma mientras estaba trabajando.
Sentía que tenía valor siempre y cuando estuviera lo-
grando algo. Como Marta, resentía a las personas
como María que disfrutaban; pensaba que ellos deberían hacer lo que yo estaba haciendo.

Ahora bien, obviamente hay un momento para trabajar (Juan 5:17), y el logro es bueno. La Biblia nos
enseña que debemos dar fruto, fruto abundante, y
que cuando lo hacemos nuestro Padre celestial es glorificado (Juan 15:8). Pero yo estaba fuera de equilibrio.

Marta ciertamente tiene su lugar, pero también
María. Mi problema era que yo era toda Marta y nada
de María. Amaba a Jesús, pero no había aprendido
acerca de la vida simple que Él deseaba que yo viviera.

¡Simplifique su vida!

Si usted alguna vez va a vivir en una manera sencilla, debe tener la determinación de obtener su libertad de la complicación y ser todavía más determinado en conservarla.

Segunda de Corintios 1:12 es una gran escritura con respecto a la simplicidad, y conecta la simplicidad y el regocijo: "**Porque nuestra gloria es esta: el testimonio de nuestra conciencia, que con sencillez y sinceridad de Dios, no con sabiduría humana, sino con la gracia de Dios, nos hemos conducido en el mundo, y mucho más con vosotros**". En este contexto la palabra *conducido* significa "comportado" o "desempeñado".[4]

Aquí Pablo estaba diciendo: "Tenemos gozo porque nos hemos comportado con sencillez y sinceridad de Dios, no con sabiduría carnal, que siempre incluye un montón de razonamientos, sino que hemos vivido por la gracia de Dios".

No hay nada más simple que la gracia.[5]

¿Simplicidad o complejidad?

Solía preguntarme si no había más escrituras con respecto a la simplicidad, o por qué la Biblia no habla más acerca de ella, especialmente cuando parece ser un tema muy necesario y del que lamentablemente se ha abusado.

El Espíritu Santo me mostró que todo el Nuevo

Pacto es sencillo. Quizá no utilice con frecuencia la palabra "simple", pero es la esencia de la simplicidad, como lo vemos en el plan de Dios para la redención de la humanidad.

Jesús vino y pagó por nuestros pecados, tomando sobre sí mismo nuestro castigo. Él se volvió nuestro sustituto, pagó la deuda que teníamos, sin costo para nosotros. Hizo todo esto generosamente por su gran amor gracia y misericordia.

Heredó todo lo que el Padre tiene para dar y nos dice que somos coherederos con Él por virtud de nuestra fe. Ha provisto la manera para nuestra victoria completa tanto aquí como en el más allá. Somos más que vencedores: Él ha vencido y nosotros obtenemos el galardón sin la batalla.

¿Cuánto más simple podría ser? No es complicado. ¡Nosotros lo complicamos!

La complicación es obra de Satanás. Cuando volvemos a mantener la simplicidad, estamos haciendo guerra en su contra. Él odia la simplicidad, porque conoce el poder y el gozo que trae.

También busqué libros sobre simplicidad y no encontré muchos de ellos. Tuve que estar muy abierta al Espíritu Santo para que me enseñara a lo largo del camino. Usualmente, la experiencia personal es la mejor maestra de todos modos. Comencé a sistemáticamente vigilar las ocasiones en las que no tenía gozo y luego me preguntaba por qué. Con frecuencia descubría que era porque estaba complicando un asunto. Este es un ejemplo:

Dave y yo tuvimos una discusión una noche cerca del tiempo de irnos a dormir. Dave es un hombre tranquilo quien no tiene problemas para olvidar las cosas y seguir adelante. Dijimos lo que los dos sentíamos que se tenía que decir, y en lo que respecta a Dave, había terminado y era momento de irnos a dormir. Se acostó y se durmió, y yo me fui a mi estudio tratando de dilucidar lo que acababa de suceder.

Me pregunté a mí misma: ¿Cómo nos las habíamos arreglado para discutir? Y, ¿qué podía hacer para que no volviera a suceder?

Estaba determinada a obtener una respuesta, y entre más tarde se hacía (mientras supuestamente buscaba a Dios), más me frustraba. Finalmente, como a la una de la mañana dije: —¿Señor, que voy a hacer?

Me respondió y me dijo: —¿Por qué no simplemente te vas a dormir?

Este es otro ejemplo:

Recibir a amigos e invitados en casa era algo que yo quería hacer, pero que al final realmente nunca disfrutaba. A medida que abrí mi corazón a Dios, Él comenzó a mostrarme que yo hacía todo un proyecto de cada visita. Podía hacer planes para tener una carne asada con otras tres parejas, y, antes de terminar, ya había convertido los planes más sencillos en una pesadilla.

Demasiada complicación nace de una necesidad poco santa de impresionar a la gente.

Yo fui víctima de abuso en mi niñez y, como resultado, era muy insegura acerca de mí misma. La gente insegura normalmente se esfuerza por impresionar a los demás porque sienten que no son demasiado impresionantes siendo simplemente quienes son.

Cuando recibía visitas, todo tenía que ser perfecto: solo la comida y las bebidas perfectas, la casa tenía que lucir inmaculada, el jardín tenía que pasar por una manicura y los muebles del jardín no tener un solo defecto. Todos los niños debían lucir salidos de una revista de modas, y, por supuesto, yo tenía que llevar la ropa perfecta y cada cabello tenía que estar en su lugar.

Trabajaba tanto externa e internamente antes de que el evento comenzara que estaba agotada para el momento en que los invitados llegaban. Incluso su llegada no ponía fin a mi labor. Yo seguía trabajando la mayor parte del tiempo que estaban allí: poniendo la comida, y llevándome comida, lavando platos y barriendo el piso de la cocina para que ninguna de las migajas pudiera terminar en alguna de mis alfombras.

Luego, tenía resentimiento en mi corazón, y con frecuencia en mi boca, porque al parecer todos se estaban divirtiendo y disfrutando, y todo lo que yo hacía era trabajar.

Finalmente, tuve que enfrentar la verdad de que yo estaba creando el problema. Podría tener una perspectiva mucho más sencilla. Podría haber asado algunos perritos calientes y hamburguesas, calentado frijoles horneados y sacar un tazón de papas fritas.

No tenía que comprar cortes de carne que no pudiera pagar, hacer una ensalada de papa que era un proyecto de dos horas ni preparar suficientes guarniciones para alimentar a un pequeño ejército (ya que quería asegurarme de que no nos faltara comida, hacía demasiada). Podía preparar té helado, café y limonada, para no tener esos cuatro tipos de refrescos adicionales.

Espero que esté entendiendo el panorama de que, con el fin de que mi vida fuera más sencilla de modo que la pudiera disfrutar, yo tenía que cambiar. La vida no iba a cambiar; yo tenía que cambiar.

Me imagino que será de la misma manera con usted. Le sugiero que comience a buscar las formas en las que complica las cosas y pídale al Espíritu Santo que le enseñe a mantenerlas sencillas.

Oración sencilla

Mi vida de oración era otra área en la que batallaba, y descubrí que mucho de ello era debido a una perspectiva complicada.

Primero que nada, le había prestado mucha atención a la opinión de los demás sobre qué asuntos debía estar orando. La mayoría de la gente está llena de lo que Dios los ha llamado a hacer y para lo que los ha ungido, y sin tener la intención de dañar, predican sobre su carga personal, digamos, y tratan de llevar a todos a hacer lo que ellos están haciendo.

Yo era tan culpable como cualquiera en esta área, hasta que Dios me hizo entender que tengo que hacer aquello para lo que estoy ungida y dejar que los demás hagan aquello para lo que Él los ha ungido.

La gente me decía que debía estar orando con respecto a los problemas del gobierno: que el gobierno era un desastre y que realmente necesitaba mucha oración. Otros decían que debía orar contra el aborto, sobre el tema del sida y los desamparados. Los misioneros me dijeron que debía estar orando por las misiones. Algunos me dijeron que debería hacer guerra espiritual, y otros que confesara la Palabra.

Escuchaba a la gente enseñar sobre oración, y al parecer siempre salía de esas reuniones con algo más qué hacer al orar. La gente me decía cuánto tiempo orar: debía ser por lo menos una hora. Las personas que se levantaban temprano me dijeron que era mejor levantarse y orar temprano en la mañana.

Pero, permítame decirle que nos vamos a encontrar orando la cantidad de tiempo adecuada y en el momento del día adecuado para nosotros, *si* seguimos la dirección del Espíritu Santo en oración.

Yo había convertido todas mis "instrucciones" que había recibido de otras personas en leyes: cosas por las que sentía que *tenía* que orar (si usted tiene una perspectiva complicada de la Palabra de Dios, todo se va a convertir en leyes en lugar de en promesas). Finalmente clamé a Dios y le pedí que me enseñara a orar, y Él me enseñó algunas cosas maravillosas que han traído una alegría a la oración que desde el principio debía haber tenido.

Primero que nada, el Señor me enseñó que tenía que orar por lo que Él pusiera en mi corazón, no por lo que todos los demás querían poner en mi corazón. Me mostró que tenía que orar cuando Él me estuviera instando y dirigiendo a hacerlo, por la cantidad de tiempo que Él pusiera el deseo en mi corazón de hacerlo. Me hizo ver que yo nunca iba a disfrutar la oración si yo era la que la dirigía; tenía que permitirle que Él me guiara.

El Señor también me enseñó que tenía que acercarme a Él en una manera sencilla. Este es un punto sumamente importante. Como cualquier buen padre, Dios quiere que sus hijos amados se acerquen a Él con sencillez y gentileza. En alguna forma yo había llegado a gritar mucho durante la oración, y aunque podría haber tiempo para un tono de voz agresivo, yo estaba muy fuera de equilibrio.

Aprendí que no necesitaba repetir palabras y frases una y otra vez, lo cual tenemos la tendencia de hacer con el fin de hacer que nuestras oraciones suenen impresionantes. ¿Por qué no podemos aprender a simplemente mencionar nuestra necesidad, pedir la ayuda generosa de Dios y seguir con lo siguiente?

El Señor me mostró que en lugar de orar fuerte y

largo, yo debía decir lo que estaba en mi corazón y
creer que Él me había escuchado, y que se encargaría
de ello a su manera en su tiempo.

Como resultado de lo que aprendí del Señor acerca
de la oración, desarrollé mi fe en lo que llamo "la
oración sencilla de fe" como se describe en Santiago
5:13–15:

> ¿Está alguno entre vosotros afligido? Haga ora-
> ción. ¿Está alguno alegre? Cante alabanzas.
> ¿Está alguno enfermo entre vosotros? Llame a
> los ancianos de la iglesia, y oren por él, un-
> giéndole con aceite en el nombre del Señor. Y
> la oración de fe salvará al enfermo, y el Señor
> lo levantará; y si hubiere cometido pecados, le
> serán perdonados.

Algunas veces cuando le presento con sencillez a
Dios mi necesidad o la necesidad de otro individuo,
me parece en mi "hombre natural" que debería hacer
o decir más. He descubierto que cuando oro lo que
el Espíritu Santo me está dando, sin añadirle de mi
propia carne, la oración es muy sencilla y no excesi-
vamente larga.

Mi mente quiere decir: *Bueno, eso no es suficiente.*
Nuestra carne generalmente quiere ir más allá de lo
que el Espíritu nos está dando, y es entonces cuando
somos robados del disfrute que cada cosa tiene el
propósito de traer.

Digamos que un padre viene a mí, y me pide que

ore por un niño difícil. Yo digo: "Padre. Venimos a ti en el nombre de Jesús. Estoy colocando una cobertura de oración sobre esta familia. Te pido que los vuelvas a unir. Trae unidad entre este padre y su hijo. Sin importar el problema que sea, Padre, te pido que remuevas las cosas que necesitan ser removidas, y que traigas las cosas que necesitan ser traídas. ¡Amén!".

Este tipo de oración es corta y sencilla y realmente dice todo lo que se necesita decir, pero la carne quiere añadirle. La mente carnal dice: "No es suficientemente larga; no es lo bastante elocuente". Se requiere verdadera disciplina de mi parte para ir tan lejos como el Espíritu Santo está yendo y no más allá. Mantenga la oración simple y la va a disfrutar más.

La perspectiva simple

Si recordamos la definición de *simple* como "fácil", echemos una nueva mirada a las palabras de Jesús registradas en Mateo 11:28–30. Me gustaría que observe donde aparecen las palabras "fácil" y "ligera" en este pasaje:

> **Venid a mí todos los que estáis trabajados y cargados, y yo os haré descansar. Llevad mi yugo sobre vosotros, y aprended de mí, que soy manso y humilde de corazón; y hallaréis descanso para vuestras almas; porque mi yugo es fácil, y ligera mi carga.**

Primero que nada, Jesús dijo: **"Aprended de mí"**. Creo que Él quería decir: "Aprendan cómo manejo las situaciones y a la gente. Aprendan cuál sería mi respuesta en cualquier circunstancia dada, y sigan mis caminos.

Jesús no se estresaba ni estaba agotado. No era controlado por las circunstancias o las exigencias de otras personas.

En Juan 14:6 dijo: **"Yo soy el camino"**. Su camino es el camino correcto; el camino que nos guiará a la justicia, la paz y el gozo. Recuerde que en Juan 15:11, oró que su gozo estuviera en nosotros y que nuestro gozo fuera cumplido. Eso no va a suceder a menos que aprendamos una perspectiva de vida distinta y sus muchas circunstancias distintas.

Cuando esté enfrentando un problema, pregúntese: *¿Qué haría Jesús en esta situación?* Va a descubrir que muchas veces usted está tratando de manejar algo que Jesús dejaría en paz. Algunas veces cuando quiero confrontar un asunto, escucho que el Señor dice: "Déjalo en paz".

Por otro lado, habrá veces en las que usted querrá dejar algo en paz y no tratar con ello, pero cuando usted escucha en su corazón, usted sabe que necesita manejarlo antes de que crezca y se haga un peor desastre.

Algunas veces usted querrá ser parte de algo emocionante que esté sucediendo, y Dios le dirá que no. Otras veces, usted preferirá no participar, sin embargo, el Señor le dirá: "Te necesito en esto".

Usted y yo no siempre sabremos el porqué detrás de todas las instrucciones del Espíritu Santo, pero la simplicidad obedece con solicitud. Es complicado desobedecer y tener una conciencia culpable. La desobediencia verdaderamente roba el gozo de la vida.

Dios podría decirle que no haga algo en cierta ocasión y en otra permitirle hacerlo. No hay reglas excepto seguir la Palabra de Dios y al Espíritu de Dios.

Simplicidad y decisiones

Pero sobre todo, hermanos míos, no juréis, ni por el cielo, ni por la tierra, ni por ningún otro juramento; sino que vuestro sí sea sí, y vuestro no sea no, para que no caigáis en condenación.

Santiago 5:12

A mi esposo no le molesta para nada ir de compras conmigo, lo cual es una bendición porque la mayoría de los hombres no disfrutan ir de compras. Me da una cantidad de tiempo razonable para escoger, pero si voy y vuelvo muchas veces comienza a querer irse.

Me dice: "Haz algo. No me importa estar aquí si estamos avanzando, pero simplemente deambular y no escoger nada es un desperdicio de tiempo".

Eso no significa que esté mal tomarse un tiempo para ver lo que hay y buscar una buena oferta, pero si ver y buscar se extiende demasiado, la toma de decisiones se complica. Manténgalo sencillo. Compre algo y avance a lo siguiente.

Realmente puedo entrar en doble ánimo cuando estoy comprando para otras personas. Normalmente siento que yo sé lo que quiero, pero no estoy segura de saber qué les gustaría a los demás. Con frecuencia busco el regalo "perfecto" hasta el punto de perder tiempo valioso. He hecho eso con mis hijos. E incluso después de todo mi esfuerzo especial, ellos devuelven lo que les compré.

Cuál sea el problema o la situación, tomar una decisión es siempre mejor que titubear entre la duda y la indecisión. Así que una vez más, manténgalo sencillo. Verá su gozo incrementar.

6
Ser como niños

Y llamando Jesús a un niño, lo puso en medio
de ellos, y dijo: De cierto os digo, que si no os
volvéis y os hacéis como niños, no entraréis en
el reino de los cielos. Así que, cualquiera que se
humille como este niño, ése es el mayor en el
reino de los cielos.

Mateo 18:2–4

En Lucas 18:17, Jesús expresó este mismo mensaje
acerca de la importancia espiritual de ser como
niños cuando dijo: "De cierto os digo, que si no os
volvéis y os hacéis como niños, no entraréis en el
reino de los cielos".

Los atributos que definen a un niño, según la traducción de Mateo 18:3 de *The Amplified Bible* [La
Biblia amplificada] son: confían, son humildes, amorosos y perdonadores. Oh, cuánto más disfrutaríamos
nuestra vida si operáramos en estas cuatro virtudes.

Los niños creen lo que se les dice. Algunas personas dicen que los niños son crédulos, con lo cual
quieren decir que creen cualquier cosa sin importar
lo ridículo que suene. Pero los niños no son crédulos,
confían. *La naturaleza de un niño es confiar* a menos

que ese niño o niña haya experimentado algo que le haya enseñado lo contrario.

Algo que todos sabemos de los niños es que disfrutan la vida. Un niño puede literalmente disfrutar cualquier cosa, e incluso convertir un trabajo en un juego con el fin de disfrutarlo.

Recuerdo haberle pedido a mi hijo que barriera el patio cuando tenía unos once o doce años. Miré afuera y lo vi bailando con la escoba al ritmo de la música de los audífonos que llevaba.

Pensé: *¡Maravilloso! Ha convertido barrer en un juego. Si tenía que hacerlo, tenía que disfrutarlo.*

Deberíamos tener esa actitud. Quizá no decidamos bailar con la escoba, pero deberíamos escoger una actitud que nos permita disfrutar todos los aspectos de la vida.

El niño que todos llevamos dentro

Todos los adultos saludables deberían también tener un niño dentro de sí mismos. Cada uno de nosotros comienza en la vida como un niño, y a medida que crecemos, necesitamos proteger a ese niño que llevamos dentro.

Satanás siempre tiene la intención de matar al niño. Puso en el corazón de Herodes emitir la orden de que todos los niños varones nacidos en Belén de dos años y menores, debían ser ejecutados. Como Herodes estaba espantado del Mesías recién nacido, el

Rey de los judíos, a los que los magos habían venido a ver desde el oriente y a adorarlo, quería deshacerse de Él (Mateo 2:1–16).

Me parece interesante que Satanás tuviera miedo de un niño, y que ese niño fuera el Rey de los judíos. Los reyes gobiernan, y probablemente la lección aquí, es que si deseamos gobernar y reinar como reyes en la vida (Romanos 5:17; Apocalipsis 1:6), también debemos hacernos como niños pequeños. Cuando nos volvemos como niños, eso espanta al diablo como el niño Jesús espantó a Herodes.

En Apocalipsis 12:4–5 podemos ver cómo Satanás busca devorar al niño desde su nacimiento:

> **Y su cola arrastraba la tercera parte de las estrellas del cielo, y las arrojó sobre la tierra. Y el dragón se paró frente a la mujer que estaba para dar a luz, a fin de devorar a su hijo tan pronto como naciese. Y ella dio a luz un hijo varón, que regirá con vara de hierro a todas las naciones; y su hijo fue arrebatado para Dios y para su trono.**

Por supuesto, estas escrituras se están refiriendo a Jesús, pero yo creo que hay un principio aquí del que podemos aprender.

Como muchas personas, yo sufrí de abuso en mi niñez. Satanás no se esperó a que fuera adulta para destruirme; comenzó temprano.

Los niños no son capaces de protegerse y

defenderse a sí mismos, y Satanás, actuando como un matón, con frecuencia ataca los que parecen impotentes para responder. El diablo deseaba destruirme, mental y emocionalmente, así como evitar que cumpliera con el plan de Dios para mi vida. Me robó la infancia por medio del abuso sexual, verbal, mental y emocional.

Crecí en un hogar disfuncional en el que el alcoholismo, la violencia y el incesto predominaban. A mí no me gustó ser niña. De hecho, lo odié. Para mi ser niña significaba que me podían dominar, que se podían aprovechar de mí, controlarme y usarme. Yo tenía mucha prisa por crecer; era mi pensamiento predominante. Muchas noches acostada en la cama pensaba cómo sería cuando fuera adulta y nadie pudiera controlarme.

Mi plan era crecer y nunca permitir que nadie me volviera a lastimar. Por supuesto, esto significaba que no podía confiar en nadie y que tenía que cuidar de mí misma. No tenía los atributos de carácter de un niño que mencionamos: confían, son humildes, amorosos y perdonadores. Tampoco tenía gozo ni disfrutaba nada. Ocasionalmente me divertía, pero nunca conocí el verdadero gozo.

Me volví una persona adicta al trabajo y era propulsada por la necesidad de tener éxito. Cargaba con un falso sentido de responsabilidad que nunca me permitía disfrutar nada. No sabía cómo hacer mi parte y permitir que otros hicieran la suya. Tampoco sabía cómo permitirle a Dios hacer su parte por medio de confiar en Él.

A causa de mis inseguridades, aunadas con una determinación de nunca "necesitar" a nadie, el trabajo se convirtió en un ídolo para mí. Me hacía sentir que tenía valía. Pensaba que Dios me bendeciría si trabajaba realmente duro.

La Biblia sí dice que, como sus hijos amados, Dios nos bendecirá en todo lo que pongamos nuestra mano (Deuteronomio 28:8). Pero nosotros nunca debemos derivar nuestro sentido de dignidad y valía de lo que hacemos. Deberíamos saber quiénes somos en Cristo Jesús, y nuestro trabajo debería tener valor porque *nosotros* lo hacemos, y no al revés.

En su libro *The Rhythm of Life* [El ritmo de la vida], Richard Exley escribió: "No hay suficiente éxito en el mundo que pueda silenciar las voces discordantes del interior. La autoestima no es un producto secundario del logro, sino la consecuencia natural de una relación saludable con los padres, con los compañeros y, por supuesto, con Dios. Es cosa de quién es usted, no de lo que ha hecho".[1]

El trabajo es necesario, y es bueno, pero si es exaltado a un lugar que nunca tuvo el propósito de estar, entonces algo bueno se convierte en nuestro enemigo. Y, a causa de ello, podemos llegar a pensar que el enemigo es nuestro amigo.

Yo pensaba que el trabajo era mi mejor amigo. Me daba un sentido de "pertenencia", como dije anteriormente: un sentido de dignidad y valor. De hecho, era mi enemigo porque estaba fuera de equilibrio.

En 1 Pedro 5:8, el apóstol advirtió: **"Sed sobrios, y velad; porque vuestro adversario el diablo, como león rugiente, anda alrededor buscando a quien devorar"**. "Sed sobrios y velad" se puede traducir también como: tengan equilibrio, sean moderados, sobrios de mente, vigilantes y precavidos.

Las áreas que están fuera de equilibrio en nuestra vida son puertas abiertas al enemigo. Él acecha buscando estas puertas. Nosotros los cristianos con frecuencia estamos ocupados peleando contra los demonios cuando lo que en realidad necesitamos es la restauración de una vida equilibrada.

En mi propio caso, yo necesitaba trabajar, pero también necesitaba jugar; no obstante, yo no veía ningún valor en el juego. De hecho, ni siquiera sabía cómo jugar de adulta y verdaderamente disfrutarlo. Incluso cuando hacía cosas divertidas, siempre tenía un vago sentimiento de que en realidad debería estar trabajando. De hecho, me sentía culpable cuando trataba de relajarme y divertirme.

Gracias a Dios, a medida que el Señor ha ido trayendo sanidad y restauración a mi alma, he aprendido cómo ser equilibrada con mi tiempo y mis prioridades. Ahora puedo disfrutar todo lo que hago a propósito, y soy libre para disfrutar la vida que Jesús me ha dado.

Creo que una de las maneras en que mantenemos

nuestra libertad es por medio de recordatorios frecuentes de quiénes somos en Cristo.

He notado que Jesús se refería a sus discípulos como "hijitos". En Juan 21:1–6, leemos sobre una situación en la que Pedro y algunos de los demás discípulos decidieron ir a pescar y tuvieron un encuentro inesperado con el Cristo resucitado:

> **Después de esto, Jesús se manifestó otra vez a sus discípulos junto al mar de Tiberias; y se manifestó de esta manera: Estaban juntos Simón Pedro, Tomás llamado el Dídimo, Natanael el de Caná de Galilea, los hijos de Zebedeo, y otros dos de sus discípulos. Simón Pedro les dijo: Voy a pescar. Ellos le dijeron: Vamos nosotros también contigo. Fueron, y entraron en una barca; y aquella noche no pescaron nada. Cuando ya iba amaneciendo, se presentó Jesús en la playa; mas los discípulos no sabían que era Jesús. Y les dijo: Hijitos, ¿tenéis algo de comer? Le respondieron: No. Él les dijo: Echad la red a la derecha de la barca, y hallaréis. Entonces la echaron, y ya no la podían sacar, por la gran cantidad de peces.**

Me parece que al decidir levantarse e irse a pescar, estos discípulos rápidamente tomaron una decisión emocional que no produjo el resultado deseado. Nosotros también con frecuencia tomamos decisiones emocionales carnales que no producen nada hasta que aprendemos que apartados de Jesús nada podemos hacer (Juan 15:5).

Jesús vino a la playa y se dirigió a ellos en esta manera: *"Hijitos, ¿tenéis algo de comer?"* (Juan 21:5, énfasis añadido).

Probablemente Jesús estaba usando esta terminología para recordarles su necesidad de venir como niños pequeños y depender totalmente de Él.

Vemos que el apóstol Juan usa la misma palabra en 1 Juan 2:1: *"Hijitos* **míos, estas cosas os escribo para que no pequéis; y si alguno hubiere pecado, abogado tenemos para con el Padre, a Jesucristo el justo"**. También usó este término en 1 Juan 2:12: **"Os escribo a vosotros,** *hijitos,* **porque vuestros pecados os han sido perdonados por su nombre"**.

Posiblemente, Juan aprendió esta expresión de escuchar a Jesús referirse a él y a los demás discípulos en esta manera. Parece ser una terminología encantadora que de inmediato nos hace descansar, nos hace sentir amados y cuidados, y nos hace saber que necesitamos depender del Señor para todo.

Si yo le llamara a mi hijo "nene" todo el tiempo, pondría esta actitud en su mente (incluso en su subconsciente) de que lo veo como un bebé, y eso, incluso, podría desarrollar en él una actitud de inmadurez. Noté que yo misma comencé a decirles a mis muchachos "hijo" cuando crecieron. Creo que el cambio de nombre los ayudó a crecer. Sabían que yo estaba esperando algo de madurez de ellos por como comencé a llamarlos.

También hay ocasiones en las que les digo a nuestros cuatro hijos que sin importar cuánto crezcan, siempre serán mis bebés. Ellos saben desde este día que pueden confiar en que nosotros los ayudaremos en una manera equilibrada siempre que lo necesiten. Ellos siempre pueden venir a nosotros si tienen dificultades.

Jesús quiere que crezcamos en nuestro comportamiento, pero también quiere que permanezcamos como niños en nuestra actitud hacia Él con respecto a la confianza y la dependencia. Él sabe que no podremos tener paz ni disfrutar la vida hasta que lo hagamos.

Somos hijos de Dios

¿Se olvidará la mujer de lo que dio a luz, para dejar de compadecerse del hijo de su vientre? Aunque olvide ella, yo nunca me olvidaré de ti.

Isaías 49:15

Isaías 49:15 es otra escritura que revela que nuestro Padre celestial desea que vengamos a Él como niños. En este versículo, el Señor usa el ejemplo de una madre que amamanta y cuida con ternura de su hijo y tiene compasión de él y de sus necesidades.

Nuestro Padre celestial quiere que sepamos que somos sus pequeñitos—sus hijos—y que cuando venimos a Él como tales, mostramos fe en Él, lo cual lo libera para cuidar de nosotros.

Dios no es como la gente. Si la gente en su pasado lo ha lastimado no permita que eso afecte su relación con el Señor. Usted puede confiar en Él. Dios cuidará de usted como su Padre amoroso. Cuando no recibimos el cuidado y el amor que debíamos haber recibido en nuestra niñez, provoca temores que nunca estuvieron en el plan de Dios para nosotros. Los padres deben ser un espejo en el plano físico de cómo debe ser nuestra relación con Dios en el plano espiritual. Frecuentemente, cuando los individuos son criados en hogares disfuncionales, provoca problemas en su relación con el Señor.

Le pido a Dios que mientras usted lee estas palabras y medita en las escrituras que estoy compartiendo, experimente sanidad en sus emociones que lo liberen para ser un adulto responsable que puede acudir a su Padre celestial como un niño—un adulto que sabe cómo trabajar duro cuando es tiempo de trabajar, y cómo jugar libremente cuando es tiempo de jugar—uno que pueda mantener un equilibrio santo entre ser serio y divertirse.

Debemos venir a Dios como niños o nunca caminaremos en obediencia (1 Pedro 1:14). Debemos depender de Él y continuamente pedir su ayuda. Todo lo que Dios nos ha llamado a hacer, Él nos debe ayudar a hacerlo. Él está listo, esperando y más que dispuesto. Pero necesitamos venir humildemente como niños pequeños—sinceros, sin pretensiones, honestos, abiertos—sabiendo que sin Él y su continua ayuda, nunca caminaremos en nuevos niveles de obediencia.

En 1 Juan 4:4 el apóstol escribió: **"Hijitos, vosotros sois de Dios, y los habéis vencido; porque mayor es el que está en vosotros, que el que está en el mundo"**.

La palabra griega traducida como *hijitos* en este versículo, así como en muchos otros, es parcialmente definida como "primor".[2] Dios quiere que usted y yo sepamos que somos sus pequeños primores.

En 1 Juan 4:4 el apóstol habla acerca de derrotar y vencer al enemigo. Nuevamente, creo que necesitamos ver que esto solamente se logra cuando venimos a Dios como niños pequeños: confiando en Él, dependiendo de Él, contando con Él, creyendo en Él, etc.

En Gálatas 4:19 el apóstol Pablo llamó a los creyentes en Galacia: **"Hijitos míos, por quienes vuelvo a sufrir dolores de parto, hasta que Cristo sea formado en vosotros"**.

Así como los padres amorosos están dispuestos a sufrir por sus hijos si fuera necesario, Pablo estaba sufriendo persecución con el fin de predicarles el evangelio a los que llamaba sus hijos. Ellos eran los que habían nacido en el Reino de Dios por medio de la predicación de Pablo, y él anhelaba verlos crecer y disfrutar todo por lo que Jesús murió para darles.

Al referirse a ellos como niños, Pablo les estaba dejando saber que estaba listo a apoyarlos en lo que fuera necesario, incluyendo sufrir, con el fin de ver el propósito de Dios cumplirse en su vida.

Los buenos padres prefieren sufrir ellos mismos que ver sufrir a sus hijos. Vemos este "principio de paternidad" en operación cuando el Padre envió a Jesús a morir por nosotros, sus hijos.

7
La complicación de la religión

Mas a todos los que le recibieron, a los que creen en su nombre, les dio potestad de ser hechos hijos de Dios.

Juan 1:12

Jesús nos ha invitado a estar en una relación—a través de Él—con Dios, el Padre. Una relación y una religión son cosas totalmente distintas.

En la sociedad actual la pregunta que se hace con frecuencia: "¿De qué religión eres?", significa: "¿Qué conjunto de doctrinas sigue usted?", o: "¿A qué conjunto de reglas se adhiere?".

Cuando se me hace esta pregunta, suelo responder en esta manera: "Soy miembro de una iglesia no denominacional, pero no soy religiosa. Tengo una relación personal con Jesucristo". Por supuesto, recibo unas miradas de extrañeza como resultado de mi respuesta.

Examinemos estos dos conceptos de religión y relación para ver la importante diferencia entre ellos.

Religión

Una parte de la definición del diccionario de Webster en inglés de *religión* es como sigue: "Creencia y reverencia hacia un poder sobrenatural aceptado como el creador y gobernador del universo [...] Un sistema específico unificado de esta expresión".[1] La religión no parece ser algo muy personal que digamos. No hay nada cálido en el significado de esta palabra.

Aquí *religión* es descrita como un "sistema". Yo no quiero un sistema. El mundo no necesita un sistema; necesitamos aquello por lo que Jesús murió para darnos; necesitamos *vida*. La religión no nos ministra vida; ministra muerte.

La religión es complicada. ¡No hay nada simple al respecto! La religión se enfoca en lo que *nosotros* podemos hacer para seguir el sistema—las reglas—con el fin de ganarnos el favor de Dios.

Una mujer que asistió a uno de mis congresos una vez compartió conmigo la definición que ella había sentido que Dios le había dado para religión: "La religión es la idea del hombre de las expectativas de Dios".

Los fariseos en la Biblia eran religiosos. De hecho, eran la elite religiosa de su época, y Jesús los llamo víboras (Mateo 12:34) y sepulcros blanqueados (Mateo 23:27). Con base en esta descripción, la religión no es algo que deberíamos buscar.

Relación

El diccionario de Webster en inglés define *relación* como "el estado o hecho de tener relación [...] Conexión por sangre o matrimonio: parentesco".[2]

A mí ya me gusta más la palabra "relación" que

"religión" sin ir más lejos. Solo leer la definición de *relación* me hace sentir mejor. Suena más cálida y amigable y tiene más vida para mí que lo que leo acerca de religión.

En Ezequiel 36:26–28, Dios prometió que vendría el día en que le daría a la gente su corazón, pondría su Espíritu en ellos, haría que caminaran en sus estatutos y los traería a una nueva relación con Él:

> **Os daré corazón nuevo, y pondré espíritu nuevo dentro de vosotros; y quitaré de vuestra carne el corazón de piedra, y os daré un corazón de carne. Y pondré dentro de vosotros mi Espíritu, y haré que andéis en mis estatutos, y guardéis mis preceptos, y los pongáis por obra. Habitaréis en la tierra que di a vuestros padres, y vosotros me seréis por pueblo, y yo seré a vosotros por Dios.**

Ahora estamos viviendo en una época en la que el cumplimiento de esa promesa está disponible para nosotros.

El Señor dijo que quitaría el corazón de piedra del hombre. La Ley fue dada en tabletas de piedra, y yo creo que esforzarse por años para tratar de guardar la Ley—y fracasar—le daría a cualquiera un corazón duro de piedra.

El legalismo nos vuelve duros de corazón.

Tratar, fallar y continuamente estar decepcionado nos deja fríos y sin vida como piedra, como

Pablo observó en Gálatas 3:10: "**Porque todos los que dependen de las obras de la ley están bajo maldición...**".

El Señor ha prometido que seremos capaces de guardar sus estatutos porque nos dará un corazón para hacerlo, y su Espíritu para hacernos capaces.

El creyente nacido de nuevo no tiene que "tratar" de seguir los caminos de Dios; quiere hacerlo, desea hacerlo. Sus motivos son correctos.

Mi respuesta a Jesús está motivada por lo que Él ya hizo por mí; no es un esfuerzo hacer que Él haga algo. No estoy tratando de agradar a Dios para hacer que me ame; su amor es un regalo que he recibido gratuitamente. Quiero agradar a Dios *porque* lo amo. Esa es la diferencia entre tener una religión contra una relación con Dios.

Gracia contra Ley

Pero ahora, aparte de la ley, se ha manifestado la justicia de Dios, testificada por la ley y por los profetas; la justicia de Dios por medio de la fe en Jesucristo, para todos los que creen en él. Porque no hay diferencia, por cuanto todos pecaron, y están destituidos de la gloria de Dios, siendo justificados gratuitamente por su gracia, mediante la redención que es en Cristo Jesús, a quien Dios puso como propiciación por medio de la fe en su sangre, para manifestar su justicia, a causa de haber pasado por alto, en su

paciencia, los pecados pasados, con la mira de
manifestar en este tiempo su justicia, a fin de
que él sea el justo, y el que justifica al que es
de la fe de Jesús.

Romanos 3:21–26

El apóstol Pablo recibió un trabajo a la medida
cuando se le dio la tarea de predicar la gracia a los judíos de su época. Él había estado tratando de guardar
la Ley durante mucho tiempo. Por siglos ellos habían
vivido bajo "el sistema". Cuando tenían éxito en ello
se sentían bien con respecto a sí mismos y, cuando fa-
llaban, se sentían condenados.

Como Pablo expuso aquí en Romanos 3:21–26, estaban teniendo dificultades para entender el nuevo
orden de las cosas, así que tuvo que enseñarles acerca
de la gracia de Dios que justifica y acepta como
justo a todos los que tienen fe en Jesucristo, quien Él
mismo es el cumplimiento de la Ley.

Después de que Pablo predicó su mensaje a los judíos, que son noticias asombrosamente buenas, les
dijo algo que, para la persona religiosa, no son buenas
noticias.

Fe contra obras

¿Dónde, pues, está la jactancia? Queda ex-
cluida. ¿Por cuál ley? ¿Por la de las obras? No,
sino por la ley de la fe. Concluimos, pues, que

el hombre es justificado por fe sin las obras de
la ley.

Romanos 3:27–28

Como seres humanos, queremos tener algo de lo
cual sentirnos orgullosos. Queremos adjudicarnos el
crédito de hacernos buenos. En el nuevo plan de Dios
nunca habría ni nunca podría haber, crédito alguno
adjudicado a los humanos. Jesús ya hizo todo lo necesario para que nosotros seamos justificados con Dios,
¡y todo lo que debemos hacer es creer!

Todo lo que recibimos de Dios es obtenido por fe,
no por obras.

Primero, tenemos que tener fe, y luego ciertamente
hacer buenas obras, pero necesitamos tener en mente
que esas "obras" no nos hacen obtener ningún favor en
particular con Dios. Debemos hacerlas con un motivo
puro de corazón, ¡que es un deseo de dar no de obtener!

Los creyentes en Cristo deberían estar burbu-
jeando de *vida*. Deberían ser vivaces, animados, ac-
tivos, energéticos, apacibles y llenos de gozo. Creo
con todo mi corazón, como resultado de mi propia
experiencia—además de lo que he observado que
otras personas han pasado—que un acercamiento
equivocado a Dios evitará por completo este tipo de
vivir lleno de vida.

Un acercamiento legalista o religioso roba la vida.
No la nutre. Recuerde, Pablo dijo: **"La letra mata,
mas el espíritu vivifica"** (2 Corintios 3:6). Cuando

seguimos al Espíritu nos sentimos vivos. Cuando seguimos la Ley, nos drena la vida.

La Iglesia de Jesucristo se supone debe ser gloriosa (Efesios 5:27). Recuerde, por supuesto, que la Iglesia está compuesta por miembros individuales. Cada uno de nosotros debería hacer la pregunta: "¿La gente querría lo que tengo al ver mi vida y mi actitud?". ¡Debemos ser luz del mundo (Mateo 5:14), disfrutando la vida abundante que Jesús nos vino a dar, al máximo, hasta que rebose (Juan 10:10)!

8
Legalismo en términos prácticos

Porque yo les doy testimonio de que tienen celo
de Dios, pero no conforme a ciencia.

Romanos 10:2

Una perspectiva legalista afecta cada aspecto de la vida. Solía ser legalista con respecto a mi trabajo en la casa. Limpiaba toda la casa todos los días. Sacudía, aspiraba, pulía el piso de madera, abrillantaba los espejos y lavaba, secaba y doblaba la ropa que se hubiera acumulado del día anterior. No tenía tiempo para hacer nada más que trabajar, y resentía el hecho de que al parecer nunca me divertía. Sin darme cuenta me estaba robando a mí misma del disfrute que quería con tanta desesperación, pero que no parecía encontrar en mi vida.

Un día, algunas de mis amigas me invitaron a ir de compras con ellas. Mi corazón decía: "Sí, ve a divertirte", pero mi carne decía: "¡No, el trabajo es antes que la diversión!".

Estaba caminando por el pasillo, preparándome para comenzar a limpiar, cuando el Espíritu Santo me habló al corazón: "Joyce, este polvo va a estar aquí mañana todavía. El trabajo te esperará. Algunas veces

63

tienes que alejarte de él y divertirte un poco. Yo lo llamo el sabor de la vida. Comer alimentos insípidos evitarán que mueras, pero es mucho mejor cuando se le añade un poco de sabor".

Una adicta al trabajo—que era lo que yo era—logra hacer el trabajo. Los adictos al trabajo incluso pueden obtener la admiración de sus compañeros, pero los adictos al trabajo no suelen disfrutar la vida mucho que digamos. También, con frecuencia comienzan a mostrar señales del estrés bajo el que viven. El estrés se nota en su rostro, en su cuerpo, en sus emociones e incluso en su mente.

La "adicción al trabajo" le pone una carga a toda la familia, y en ocasiones le pone tanto estrés a un matrimonio que termina en divorcio.

Ocasionalmente, vemos a un "trabajador" casado con una persona que le encanta divertirse. Dios une a tales cónyuges opuestos para ayudarlos a mantener el equilibrio en su vida. La persona a la que le encanta divertirse quizá necesite aprender a trabajar un poco más, y el trabajador podría necesitar aprender a tener más diversión.

El diseño de Dios es que aprendamos los unos de los otros y que ayudemos a fortalecer o cubrir las debilidades de los demás. Debemos mantenernos equilibrados. Al observar a otras personas, quizá caigamos en cuenta de que estamos fuera de equilibrio en un aspecto u otro.

Cuando un adicto al trabajo se casa, podría caer

en cuenta de que no todos aman el trabajo como él. En mi caso, yo siempre estaba tratando de levantar a Dave para que trabajara. Él trabajaba toda la semana como ingeniero, y los fines de semana disfrutaba ver un partido de fútbol, ir al campo de golf o jugar con los niños. Yo lo importunaba para que hiciera algo que "valiera la pena". Yo de hecho no veía ningún valor en disfrutar. Lo quería, pero tenía miedo de ello.

Para ser sincera, tengo que decir que me gusta el trabajo, no me avergüenza admitirlo. Soy una trabajadora; Dios me hizo así. Si no lo hubiera hecho, este libro no se hubiera escrito. Requiere mucho trabajo duro hacer cualquier cosa que valga la pena. He aprendido a dejar mi trabajo y disfrutar el "sabor" en la vida cada vez que siento que las cosas se están volviendo "insípidas".

Dave es un hombre trabajador, pero se las ingeniaba para disfrutar todo lo que hacía. Puedo decir verdaderamente que mi esposo siempre ha "celebrado" la vida. No le importaba ir a la tienda de comestibles conmigo y con los niños. Pero si iba, iba a pasársela bien. Perseguía a los niños alrededor de la tienda con el carrito mientras ellos gritaban, se reían y daban voces de gusto.

Por supuesto, su comportamiento simplemente me irritaba. Le decía repetidamente: "¡Ya basta! La gente nos está viendo. ¡Están haciendo un escándalo!". Pero nada de eso lo detenía. Si acaso, lo animaba más. Ocasionalmente me perseguía con el carrito de compras, ¡lo cual me molestaba realmente!

Dave mide seis pies y cinco pulgadas o un metro y noventa y seis centímetros, por lo que puede ver por encima de los estantes de los pasillos de la tienda de comestibles y, por supuesto, me podía ver a mí, pero yo no lo podía ver a él. Me lanzaba cosas por encima de los estantes, lo cual me dejaba preguntándome qué era lo que estaba pasando.

Yo era una persona sumamente intensa y hacía todo con una concentración extrema. Ir a la tienda de comestibles era un proyecto importante para mí. En el momento solo teníamos setenta dólares para comestibles cada quince días y una familia de cinco que alimentar. Yo era una coleccionista de cupones, así que siempre llevaba conmigo mi calculadora y mis cupones.

Además, también era una persona consciente de la salud por lo que pasaba mucho tiempo en la tienda leyendo las etiquetas para asegurarme de no estarle dando a mi familia cosas cargadas de azúcar u otras cosas dañinas.

Un día yo estaba más que frustrada con Dave. Le estaba gritando a Dave y finalmente me dijo: —¡Por todos los cielos, Joyce, solo estoy tratando de divertirme un poco!

A lo cual respondí: —¡Yo no vine a divertirme!

Y lo triste era que no hacía nada para divertirme.

Al mirar en retrospectiva, es obvio por qué no era feliz, pero en ese momento, estaba engañada y ni siquiera lo sabía. Yo simplemente pensaba que todos los demás que no se comportaban conforme a mis estándares eran perezosos o frívolos. Como resultado, no podía permitirme disfrutar nada.

Pero con el tiempo, a medida que procuraba una relación más profunda y más íntima con Dios por medio del estudio de la Biblia y la oración, el Espíritu Santo me dio esta revelación: *Yo era mi peor enemiga porque no creía que debería disfrutar nada a menos que lo mereciera.* Y sin importar lo mucho que me esforzara cada día, nunca alcanzaba la marca de la "perfección", así que siempre me sentía vagamente culpable por disfrutar mi vida.

Es maravilloso saber que el plan de Dios es que nosotros experimentemos su paz y gozo en *cada área* de nuestra vida; incluso en las cosas prácticas de todos los días.

Estamos en la Tierra y hay cosas terrenales que debemos atender. No podemos ser "espirituales" todo el tiempo. Pero si una persona tiene lo que yo llamo un "espíritu religioso", va a ya sea ignorar las cosas naturales de las que debería estar encargándose o generar un problema importante en su vida, o si cuida de las cosas terrenales o seculares, no las va a disfrutar.

Siempre va a estar dándose prisa por terminar esas cosas mundanas, tratando de volver a realizar un poco de actividad espiritual, pero solo así es que se siente bien consigo mismo. Solamente se siente aprobado por Dios cuando está haciendo lo que él piensa que son cosas "espirituales".

Debemos aprender que podemos comunicarnos con

Dios mientras estamos lavando ropa, así como cuando estamos de rodillas. Personalmente creo que Dios prefiere hablar con nosotros intermitentemente a lo largo del día, en lugar de solo durante un tiempo programado que tenemos de oración. Podemos tener una comunicación constante con Dios durante todo el día, sin importar lo que estemos haciendo.

El Señor siempre está con nosotros, y siempre está listo para interactuar con nosotros o ayudarnos con nuestras necesidades.

Es sumamente importante que tengamos un tiempo diario apartado para pasarlo con Dios en oración y estudio bíblico. Mi punto aquí es que con el fin de que disfrute toda mi vida, tengo que aprender que Él quiere estar involucrado en todo lo que hago.

La presencia de Dios hace que el lugar sea santo

Entonces Moisés dijo: Iré yo ahora y veré esta grande visión, por qué causa la zarza no se quema. Viendo Jehová que él iba a ver, lo llamó Dios de en medio de la zarza, y dijo: ¡Moisés, Moisés! Y él respondió: Heme aquí. Y dijo: No te acerques; quita tu calzado de tus pies, *porque el lugar en que tú estás, tierra santa es.*
Éxodo 3:3–5, (énfasis añadido)

Dios me llamó al ministerio mientras estaba en mi habitación haciendo la cama y hablando con Él.

Hacer la cama es una cosa más bien mundana. No hay nada particularmente espiritual o emocionante respecto a ello, no obstante, Dios decidió hablar conmigo con respecto a tomar una dirección que alteraría grandemente todo el curso de mi vida y la vida de mi familia mientras estaba en mi casa realizando esta actividad cotidiana bastante ordinaria.

Si lo dejamos entrar a cada área de nuestra vida, nos sorprenderemos de los momentos y lugares en los que el Señor nos va a hablar.

Cuando Dios se le apareció a Moisés en la zarza ardiente, le pidió que se quitara el calzado porque el lugar en el que estaba era santo. Unos segundos antes de que Dios apareciera, era un lugar ordinario; ahora se había vuelto tierra santa. ¡Su presencia lo hizo santo! Y su presencia está en el creyente que ha aceptado a Jesucristo como Salvador.

Somos el tabernáculo de Dios; nuestro cuerpo es el templo del Espíritu Santo (1 Corintios 6:19). ¡Él vive en nosotros! Adondequiera que vamos, Él va. Si vamos a la tienda de comestibles, Él va. Si vamos a jugar golf, Él va. Si vamos al parque con nuestros hijos, Él va.

Todas estas cosas ordinarias son cosas que debemos hacer o deberíamos hacer para mantener el equilibrio en nuestra vida. Las cosas que hacemos y los lugares a donde vamos en nuestra vida cotidiana no son santos en sí mismos, pero cuando vamos allí y las hacemos,

Dios ha prometido estar con nosotros. Y cualquier lugar en el que Dios está se vuelve santo.

Las cosas seculares pueden volverse sagradas cuando el Señor está presente. Si usted y yo hacemos todo para la honra y gloria de Dios, entonces todo se puede hacer con la consciencia de su presencia: ¡podemos "vivir la vida" con Dios!

La vida en Cristo es tan maravillosa, yo creo que deberíamos celebrar cada aspecto de ella. El diccionario de Webster en inglés define la palabra *celebrar* en parte como: "Observar una ocasión con [...] festividad".[1] La vida ciertamente es una ocasión especial y debería ser celebrada con festividades, especialmente con una actitud festiva. Nuestra confesión diaria debería ser lo que dice el Salmo 118:24: **"Este es el día que hizo Jehová; nos gozaremos y alegraremos en él"**.

¡Disfrute la vida!

Aprender a disfrutar cada parte de nuestra vida—tanto espiritual como práctica—es importante porque si no tenemos cuidado, nos volveremos con una mentalidad tan espiritual que no seremos útiles terrenalmente. Leemos acerca de los grandes hombres y mujeres de Dios en la Biblia y en la historia de la Iglesia que hicieron grandes proezas. Si no estamos en guardia, podemos comenzar a sentir que a menos que hagamos grandes proezas, nada de lo que hagamos vale la pena.

Debemos recordar que esas personas no hacían grandes proezas día tras día. Escuchamos acerca de las grandes cosas que lograron a través de su fe en Dios, pero su vida también tenía un aspecto natural y práctico. Ellos se levantaban con mal aliento en la mañana como el resto de nosotros. Tenían que trabajar para vivir y tratar con personas desagradables. Tenían que limpiar su casa, llevarse bien con su cónyuge y cuidar de sus hijos. Y tenían que aprender a mantener el equilibrio; de otro modo, no se habrían escrito libros acerca de ellos, porque las personas que no viven vidas equilibradas y disciplinadas mientras están siendo dirigidas por el Espíritu Santo no hacen grandes proezas para Dios.

Cuando digo que deberíamos divertirnos, no estoy promoviendo la carnalidad. Simplemente quiero decir que deberíamos disfrutar *todo* en la vida.

¿Cuántas personas crían hijos, pero nunca se toman el tiempo de disfrutarlos? ¿Cuántos millones de personas están casadas y realmente no disfrutan a su cónyuge?

Aprenda a disfrutar a la gente. Disfrute a su cónyuge, su familia y sus amigos. Aprenda a disfrutar su propia personalidad e individualidad únicas, más que criticarse a sí mismo.

Disfrute su hogar. Disfrute un poco de su dinero *ahora*. No cometa el error de siempre ver hacia el futuro retiro, pensando que será entonces cuando hará todo lo que siempre quiso hacer en la vida.

La conclusión es que hay un aspecto práctico de la vida. Si vivimos con una mentalidad legalista y rígida, no lo vamos a estar disfrutando. Jesús vino para tuviéramos vida y la disfrutáramos al máximo, hasta que sobreabunde. Haga su mejor esfuerzo para cumplir con su propósito y planee disfrutar los asuntos prácticos de su vida.

9
Demasiados problemas
para disfrutar la vida

Que estamos atribulados en todo, mas no
angustiados; en apuros, mas no desesperados;
perseguidos, mas no desamparados; derribados,
pero no destruidos; llevando en el cuerpo
siempre por todas partes la muerte de Jesús...

2 Corintios 4:8–10

Una gran mentira y engaño de Satanás es que no
podemos disfrutar nuestra vida en medio de las
circunstancias desagradables. Un estudio de la vida
de Jesús prueba lo contrario, así como de la vida de
Pablo y de muchos otros. De hecho, ellos sabían que
el gozo era una fuerza espiritual que los ayudaría a
vencer sus problemas.

En Juan 16, Jesús les advierte a sus discípulos
acerca de muchas de las dificultades y persecuciones
que enfrentarían en esta vida, concluyendo en el versículo 33: **"Estas cosas os he hablado para que en mí
tengáis paz. En el mundo tendréis aflicción; pero
confiad, yo he vencido al mundo"**.

Jesús les estaba diciendo a sus seguidores: "Cuando
tengan problemas—y los tendrán en este mundo—
¡cobren ánimo!".

Si usted no entiende realmente su corazón aquí, casi podría sonar como si Jesús no estuviera siendo muy compasivo que digamos. Pero, de hecho, está compartiendo un "secreto espiritual": "...**el gozo de Jehová es vuestra fuerza**" (Nehemías 8:10).

El gozo como un arma

Fortalecidos con todo poder, conforme a la potencia de su gloria, para toda paciencia y longanimidad; con gozo...

Colosenses 1:11–12

Pablo oró que los Colosenses resistieran con gozo. ¿Por qué con gozo? Porque el gozo nos capacita para disfrutar el viaje.

Si usted y yo nunca podemos disfrutar nuestras vidas hasta que venga el tiempo en que no tengamos circunstancias adversas, viviremos en tristeza y nunca conoceremos el gozo que Jesús tuvo el propósito que tuviéramos. También creo que el gozo, y su expresión, es un arma de guerra espiritual, así como un fruto del Espíritu Santo.

El gozo como fruto del Espíritu Santo

Y vosotros vinisteis a ser imitadores de nosotros y del Señor, recibiendo la palabra en medio de gran tribulación, con gozo del Espíritu Santo.

1 Tesalonicenses 1:6

Los creyentes de Tesalónica estaban siendo perseguidos por su fe, y, no obstante, Pablo les escribe que soporten la persecución con gozo. Según Gálatas 5:22, el gozo es un fruto del Espíritu; no la tristeza o la depresión, fruncir el ceño o fulminar con la mirada.

Si nos mantenemos llenos del Espíritu Santo, nos inspirará o nos dará la energía para estar gozosos, a pesar de nuestras circunstancias externas.

Creo que la falta de gozo es la razón por la que muchas veces nos rendimos cuando deberíamos resistir. También creo que la presencia del gozo nos da el aguante para sobrevivir al diablo, vencer nuestras circunstancias negativas y tener la vida abundante por la que Jesús murió para darnos.

¡Cuide su mente y vigile su boca!

Nunca se apartará de tu boca este libro de la ley, sino que de día y de noche meditarás en él, para que guardes y hagas conforme a todo lo que en él está escrito; porque entonces harás prosperar tu camino, y todo te saldrá bien.

Josué 1:8

Josué tenía muchos enemigos que confrontar en su jornada. De hecho, parecía que había un desfile interminable de ellos. Pero, por favor, observe que Josué fue instruido por el Señor para mantener la *Palabra* en su boca y en su mente, no el *problema*.

Como Josué, si usted y yo vamos a hacer prosperar nuestro camino y tener buen éxito en esta vida, definitivamente necesitamos poner nuestros pensamientos y palabras en otra cosa diferente del problema que nos está enfrentando. Necesitamos dejar de pensar en el problema, hablar del problema y, algunas veces, incluso dejar de orar por el problema. Si ya oramos, Dios ya nos escuchó.

No estoy diciendo que no haya momentos para hacer oraciones persistentes, pero no queremos estar teniendo más comunión con nuestro problema en oración que con Dios mismo.

En Marcos 11:23, Jesús nos instruyó a que le *habláramos a* la montaña. Él no dijo: *"Hablen acera de* la montaña". Si hay un propósito en hablar acerca de ella, entonces hágalo. De otro modo, es mejor entregársela a Dios en oración y luego permanecer callado con respecto a ella. Las palabras suscitan emociones que con frecuencia nos llevan a molestarnos y a permanecer enfocados en la circunstancia.

Es valioso ir y hacer algo que podamos disfrutar mientras estamos esperando en Dios que resuelva nuestro problema. Usted quizá no tenga ganas de hacerlo, pero hágalo de todos modos.

¡Lo ayudará!

¡Quite su mente —y su boca— del problema!

Tenga vida y disfrútela; ¡ahora!

Siempre pensamos que disfrutaremos la vida cuando llegue nuestro avance, logro o cambio radical. Pero, ¿qué hay de disfrutar el viaje—el tiempo de espera—, la jornada?

Ciertamente no tengo la intención de sonar negativa, pero cuando finalmente llegue el avance que usted y yo hemos estado esperando, no pasará mucho tiempo para que enfrentemos otro desafío. Si esperamos a disfrutar la vida hasta que no tengamos problemas, quizá nunca disfrutemos mucho de ella.

Permita que Dios se encargue de sus problemas; eche su ansiedad sobre Él y haga lo que Él le haya instruido. ¡Casi suena demasiado bueno para ser verdad, pero usted puede, de hecho, *disfrutar* la vida mientras Dios se encarga de todos sus problemas!

El valor de la risa

En seis tribulaciones te librará, y en la séptima no te tocará el mal. En el hambre te salvará de la muerte, y del poder de la espada en la guerra. Del azote de la lengua serás encubierto; no temerás la destrucción cuando viniere. *De la destrucción y del hambre te reirás*, y no temerás de las fieras del campo.

Job 5:19–22 (énfasis añadido)

Hay algunas escrituras realmente asombrosas en la Biblia acerca del valor de la risa, que es una expresión de gozo. Job 5:19–22 es uno de mis pasajes favoritos sobre este tema. En el versículo 22 se nos dice que nos *reiremos* de la destrucción y del hambre, y en Salmo 2:2–4, vemos que así habla Dios de cómo maneja a sus enemigos.

Encuentre las oportunidades correctas para reír

He cambiado mucho en este aspecto recientemente. Hace unos años probablemente dejaba pasar muchas oportunidades para reír. Yo estaba demasiado ocupada siendo seria e intensa. Ahora, cuando me llega la oportunidad, entro y la aprovecho al máximo. Sé que necesito reír; y también usted.

La risa y un corazón alegre deben ser cultivados. Jesús habló acerca del gozo y del gozo cumplido. Quiero todo lo que pueda de ambos, pero se requiere un esfuerzo consciente para mantener nuestro corazón feliz. Satanás siempre está dispuesto a robar o bloquear nuestro gozo, y lo hará si se lo permitimos.

Reír y sonreír son evidencias externas de gozo interno. El mundo no puede ver nuestro corazón; necesita ver la expresión de lo que está en nuestro corazón. Nuestra actitud en general debería ser agradable, con sonrisas abundantes y, si la situación es adecuada, deberíamos reír siempre que sea posible.

Nunca deberíamos reírnos a costa de otras personas, burlarnos de sus defectos o ser groseros. Quiero animarlo a que tome la decisión de reír más, pero que recuerde ser sensible al lugar, el momento y las personas a su alrededor.

Estar en la presencia de Dios nos trae gozo, y la Biblia nos enseña que el clima del cielo es gozoso, ¡lo cual significa que allá también se están escuchando risas!

Salmo 16:11 dice: **"Me mostrarás la senda de la vida; en tu presencia hay plenitud de gozo; delicias a tu diestra para siempre"**.

He experimentado risa muchas veces al mismo tiempo de pasar tiempo con Dios. Su presencia siempre me hace feliz.

¡Manténgase fuerte por medio de rehusarse a perder su gozo!

Saliste al encuentro del que con alegría hacía justicia, de los que se acordaban de ti en tus caminos; he aquí, tú te enojaste porque pecamos; en los pecados hemos perseverado por largo tiempo; ¿podremos acaso ser salvos?

Isaías 64:5

En la versión de este versículo de *La Biblia de las Américas*, el profeta dice: **"Sales al encuentro del que se regocija y practica la justicia…"**.

Ya que usted y yo somos justicia de Dios en Cristo (2 Corintios 5:21), cuando nos regocijamos, Dios nos encuentra en el punto de nuestra necesidad y se asegura de que crucemos la línea de meta. Un corazón que se regocija no es un corazón pesado; es uno que está lleno de canción. Como sucedió con Pablo y Silas en la cárcel de Filipos, Dios nos dará una canción en nuestra "medianoche" (Hechos 16:25).

En Isaías 61:3, el profeta dice que el Señor nos da un manto de alegría en lugar del espíritu angustiado, y en Romanos 4:18–20, leemos lo que hizo Abraham durante su tiempo de espera para que el Señor cumpliera sus promesas:

"El creyó en esperanza contra esperanza, para llegar a ser padre de muchas gentes, conforme a lo que se le había dicho: Así será tu descendencia. Y no se debilitó en la fe al considerar su cuerpo, que estaba ya como muerto (siendo de casi cien años, o la esterilidad de la matriz de Sara. Tampoco dudó, por incredulidad, de la promesa de Dios, *sino que se fortaleció en fe, dando gloria a Dios*" (énfasis añadido).

Abraham no permitió que su corazón se entristeciera; en lugar de eso, mantuvo su fe y su espíritu en alto por medio de alabar y glorificar a Dios.

Creo que Abraham mantuvo un corazón feliz, y, por lo tanto, su fe fue fortalecida para llevarlo hasta el final.

Pozos de gozo

En el último y gran día de la fiesta, Jesús se puso en pie y alzó la voz, diciendo: Si alguno tiene sed, venga a mí y beba. El que cree en mí, como dice la Escritura, de su interior correrán ríos de agua viva. Esto dijo del Espíritu que habían de recibir los que creyesen en él; pues aún no había venido el Espíritu Santo, porque Jesús no había sido aún glorificado.

Juan 7:37–39

Cuando tenemos al Espíritu Santo en nosotros, tenemos justicia, paz y gozo viviendo en nosotros (Romanos 14:17). Nuestro hombre interior es como un pozo de cosas buenas (Mateo 12:35). Una de esas cosas buenas es el gozo. Pero Satanás va a tratar de cegar nuestro pozo.

De hecho, cegar los pozos de los enemigos era una estrategia utilizada en el pasado, como podemos ver en 2 Reyes 3:19: "Y destruiréis toda ciudad fortificada y toda villa hermosa, y talaréis todo buen árbol, cegaréis todas las fuentes de aguas, y destruiréis con piedras toda tierra fértil".

Las piedras de preocupación, autolástima, depresión—todas estas cosas—son la estrategia de Satanás para cegar su pozo. Cuando su alma está llena de estas piedras, obstaculiza el fluir del Espíritu de Dios dentro suyo. ¡Dios quiere volver a abrir su pozo! Él desea que el río de vida en usted fluya libremente.

¡Deje que el gozo fluya! ¡Deje que la paz fluya!

Nuestros propios esfuerzos siempre traen miseria y frustración, pero la promesa de Dios traerá gozo y risa.

¡La risa lo ayudará a volver a abrir el pozo de agua viva que el Espíritu Santo traiga a su alma!

Quizá no se haya reído—quiero decir realmente reído—en mucho tiempo. Usted encontrará que se siente mejor después de una carcajada.

Algunas veces siento como si mi tubería hubiera sido limpiada, digamos, después de una buena carcajada. Si estoy cansada y agotada por tratar con los problemas de la vida, con frecuencia me siento por dentro como un armario polvoriento: sin ventilación y con necesidad de ser refrescada. Cuando Dios me brinda la oportunidad de tener una carcajada realmente buena, al parecer me "ventila", para refrescarme y levantar la carga de mi mente cansada.

El equilibrio adecuado

Debería existir un equilibrio entre la sobriedad y la risa. La Biblia enseña ambas. 1 Pedro 5:8 dice que seamos "**sobrios**", pero no dice que pongamos cara seria. Mateo 5:14 afirma que somos la "**luz del mundo**". Usted podría decir que una sonrisa es como el interruptor que enciende la lámpara. No hay mucha oportunidad de reír si no comenzamos con una sonrisa.

Si tenemos el ceño fruncido, cuando las comisuras de nuestros labios ven hacia abajo, eso puede arrastrarnos hacia abajo emocionalmente.

Cuando frunzo el ceño, puedo literalmente sentir pesadez (adelante, pruébelo; creo que va a sentir lo mismo). Pero cuando sonrío, siento que todo mi semblante se levanta.

Puedo estar a solas y sonreír. Ni siquiera necesito algo en particular de lo cual sonreír. Simplemente me hace sentir más feliz sonreír ocasionalmente, incluso cuando estoy sola. Puedo añadir que siempre he sido por naturaleza una persona con una mentalidad muy seria y con una expresión facial sobria, y si yo puedo aprender a sonreír, cualquiera que esté realmente dispuesto puede hacer lo mismo.

Se requieren más músculos faciales para fruncir el ceño que para sonreír. Algunos de nosotros probablemente tenemos músculos débiles por la falta de uso, pero se van a desarrollar en un corto periodo.

Adelante, pruébelo. Actúe como un niño pequeño. Frunza el ceño y vea cómo se siente; luego, sonría y vea cómo se siente.

Hay dos buenas razones para aprender a sonreír. Primero, lo ayuda a verse y sentirse mejor. Segundo, ayuda a los que están a su alrededor.

Una de las maneras en que podemos mostrarle al mundo el gozo que proviene de permanecer en Jesús es teniendo un aspecto feliz. Cuando la paz y el gozo del Señor son una parte regular de nuestro semblante, les comunica un mensaje silencioso a aquellos con los que nos relacionamos.

Proverbios 17:22 dice: "**El corazón alegre constituye buen remedio; mas el espíritu triste seca los huesos**". Ore y pídale a Dios que lo ayude a sonreír con frecuencia. ¡Tome su medicina: ría más!

10

Diversidad y creatividad

> Y ellos, saliendo, predicaron en todas partes,
> ayudándoles el Señor y confirmando la palabra
> con las señales que la seguían. Amén.
>
> Marcos 16:20

Espero que para el tiempo en que usted haya llegado a este punto en el libro ya esté comenzando a disfrutar más la vida. Creo que lo que sea que estudiemos en la Palabra de Dios, podemos creer en Dios para señales y prodigios en esa área.

Según Marcos, los apóstoles fueron a todas partes predicando la Palabra y Dios confirmó la Palabra con "señales y prodigios". Hechos 5:12 dice que "**por la mano de los apóstoles se hacían muchas señales y prodigios en el pueblo**".

Yo solía pensar que las señales y prodigios solamente podrían ser sanidades físicas milagrosas, hasta que Dios comenzó a mostrarme que también necesitaba esperar avances milagrosos y sanidad en cualquier área en la que estuviera enseñando su Palabra.

Así que estoy ciertamente creyendo que todos los que lean este libro entrarán en un nuevo nivel de gozo y deleite.

Hay muchas razones por las que la gente no

disfruta su vida, y sin importar lo largo que este libro pueda ser, nunca podría cubrir todas esas razones. Pero quiero enfatizar la importancia de la diversidad y la creatividad en mantener "el sabor de la vida" que ayuda a mantener el gozo fluyendo.

Y como mucho de lo mismo puede ser un ladrón del gozo...

¡A Dios le gusta la variedad!

He aquí que yo hago cosa nueva; pronto saldrá a luz; ¿no la conoceréis? Otra vez abriré camino en el desierto, y ríos en la soledad.

Isaías 43:19

¿Usted alguna vez simple y llanamente se aburre; cansado de hacer lo mismo todo el tiempo? ¿Quiere hacer algo diferente, pero no sabe qué hacer o tiene miedo de lo nuevo que está pensando realizar? Usted quizá tenga estos sentimientos porque fuimos creados para la variedad.

Creo que Dios ha puesto creatividad en todos nosotros. Él es ciertamente creativo y cree en la variedad. Pienso en todas las variedades de aves, flores, árboles, pastos, etc., que Él ha creado. La gente viene en una variedad interminable de tallas, formas y colores, con personalidades distintas.

Todas nuestras huellas dactilares son diferentes. No hay otro ser humano con sus huellas dactilares.

Las varias naciones de nuestro mundo y todas las costumbres distintas y las formas en que nos vestimos son asombrosas porque revelan la creatividad de Dios y su amor por la variedad.

Los alimentos y su preparación varían grandemente de una nación a otra. La comida italiana es bastante distinta de la china o la mexicana. En Estados Unidos encontramos que la comida del Sur es distinta de la del Norte.

¡A Dios le gusta la variedad!

Diversidad e imaginación

Jehová Dios formó, pues, de la tierra toda bestia del campo, y toda ave de los cielos, y las trajo a Adán para que viese cómo las había de llamar; y todo lo que Adán llamó a los animales vivientes, ese es su nombre. Y puso Adán nombre a toda bestia y ave de los cielos y a todo ganado del campo; mas para Adán no·se halló ayuda idónea para él.

Génesis 2:19–20

No puedo imaginar qué tipo de trabajo podría haber sido para Adán nombrar a todas las aves y los animales. Ciertamente tuvo que ser creativo para hacerlo.

Podría seguir y seguir con respecto a lo diverso e imaginativo que fue Dios en la Creación, pero estoy segura de que, si lo piensa un momento, usted estará de acuerdo en que Dios es maravilloso.

Simplemente dé un paseo y vea a su alrededor. Si cree que le ayudará, deje de leer este libro y dé un paseo. Descargue o rente algunos videos sobre la naturaleza. Descubra lo que hay en el océano, o cómo trabajan juntas las abejas y las flores. Luego, dese cuenta de que el mismo Espíritu Santo presente en la creación está viviendo dentro de usted si usted ha aceptado verdaderamente a Jesucristo como su Señor y Salvador (Hechos 2:38).

Hay mucha creatividad dentro de cada uno de nosotros con la que necesitamos conectarnos sin temor.

Creo que con frecuencia nos metemos en rutinas. Hacemos lo mismo todo el tiempo, aunque estemos aburridos de ello porque tenemos miedo de salir y hacer algo distinto. *Preferiríamos estar seguros y aburridos que emocionados y viviendo en el filo de la navaja.* Hay cierta cantidad de comodidad en lo repetitivo. Posiblemente no nos guste, pero estamos familiarizados con ello.

Algunas personas se quedan en trabajos o profesiones toda su vida porque lo que están haciendo es seguro. Probablemente odien su trabajo y se sientan completamente insatisfechos, pero el pensamiento de hacer cualquier otra cosa es atemorizante y los detiene. O quizá piensan y sueñan con un cambio, pero sus sueños nunca se van a manifestar porque tienen miedo del fracaso, de modo que nunca hacen su parte para ver que sus sueños se realicen.

No estoy defendiendo saltar al vacío con cada "capricho" que venga, pero hay un momento definitivo para salir de lo ordinario, fuera de su zona de comodidad y hacia cosas nuevas.

Dios lo ha creado a usted y a mí para necesitar y anhelar la diversidad y la variedad. Fuimos creados para requerir la frescura y la novedad en nuestra vida. No hay nada mal con que sintamos que algunas veces necesitamos un cambio. Por otro lado, si nunca podemos estar satisfechos mucho tiempo sin importar lo que estemos haciendo, entonces tenemos el problema contrario.

La Palabra de Dios nos instruye a que tengamos contentamiento y estemos satisfechos (Hebreos 13:5; 1 Timoteo 6:6). Una vez más encontramos que la clave es el *equilibrio*.

Estén bien equilibrados

Sed sobrios, y velad; porque vuestro adversario el diablo, como león rugiente, anda alrededor buscando a quien devorar.

1 Pedro 5:8

Las personas definitivamente pueden desequilibrarse al hacer demasiado de una cosa u otra, y cuando eso sucede, se abre una puerta al diablo, como vemos en este versículo.

Incluso los hábitos alimenticios desequilibrados pueden abrir una puerta para la mala salud. La Palabra de Dios nos instruye a hacer todas las cosas con moderación (1 Corintios 9:25). Hemos escuchado toda nuestra vida, desde la niñez, que necesitamos una dieta equilibrada: abundante proteína buena, variedad de frutas, verduras, semillas, nueces y granos, y mucha agua.

Finalmente, habrá un precio que pagar si no obedecemos las leyes naturales. Hoy, podemos tomar vitaminas y otros suplementos alimenticios para ayudar a compensar algunos de los nutrientes faltantes en nuestra dieta, pero el equilibrio es vital.

Recuerdo cuando a mi hijo menor no le gustaban las verduras. Podía comer habichuelas enlatadas si lo obligábamos, pero eso era todo. Le decía todo el tiempo: "Daniel, necesitas comer verduras. Estás dejando de lado todo un grupo alimenticio que tiene cosas que necesitas. Dios no las hubiera puesto allí si no las necesitáramos".

Es asombroso a cuántas personas no les gusta beber agua y simplemente no lo hacen, siendo que es muy importante para una salud duradera. Con frecuencia tales gustos o disgustos son evidencia de una cierta mentalidad, y hasta que no cambien de parecer, la situación no mejorará.

Una de mis buenas amigas creció en una situación familiar en la que la mesa de la cena era donde la familia se reunía para discutir. Por lo que creció odiando los tiempos de comida familiar. Comió una gran cantidad de comida chatarra en sus últimos años de adolescencia y sus primeros años como adulta joven. Ella lo hacía en parte así porque no quería planear comidas adecuadas.

Ella no disfrutaba pensar en la preparación de los alimentos, así que cuando le daba hambre, tomaba lo que fuera rápido. Al crecer, comenzó a caer en cuenta de que probablemente necesitaba hacer algo para cambiar sus hábitos alimenticios, pero todavía sentía que no podía molestarse en planear con antelación si de comida se trataba.

Entonces, tuvo un tiempo de enfermedad en su vida y, en cierto punto, fue lo bastante severo como para asustarla. Fue cuando ella *decidió* que tenía que hacer algo con su dieta. Fue verdaderamente asombroso lo rápido que cambió una vez que tomó una decisión de calidad.

Este mismo principio funciona en cualquier cosa. La gente que piensa que no puede ejercitarse descubre que pueden hacerlo si decide hacerlo y mantenerse en su decisión. La gente que ha tenido un problema de por vida con frecuencia descubren, a través de la enseñanza de la Palabra de Dios, que muchos de sus problemas están vinculados con la manera de pensar equivocada.

Podemos vivir vidas equilibradas. Sin equilibrio las cosas se vuelven disparejas: hay demasiado de una cosa y no hay suficiente de la otra. La enfermedad física, los problemas de relación y la pérdida del gozo pueden ser todos resultado de una vida desequilibrada.

La naturaleza humana sin el Espíritu Santo tiende a irse a los extremos y, si se le deja sin restricciones, puede llevar a problemas importantes. Necesitamos el fruto del dominio propio en nuestra vida (Gálatas 5:22–23) para que podamos ser guiados por el Espíritu y no por nuestros antojos y deseos extremos.

El desequilibrio y el aburrimiento provocan problemas

Probablemente no esté descansando lo suficiente o riendo lo suficiente o quizá está trabajando demasiado duro. Demasiado estrés, molestias emocionales frecuentes y una falta de variedad en la vida puede todo ello tener efectos adversos en su salud.

Dios trató conmigo con respecto a tener equilibrio en mis hábitos alimenticios, pero el mismo principio debería ser aplicado a cada aspecto de la vida. Una vez que aprenda el principio del equilibrio, la moderación, la variedad y la diversidad, puede aplicarlos a las relaciones, a los gastos, a comer, a los hábitos de trabajo, a los estándares de vestimenta, al entretenimiento y a muchas otras cosas.

Cuando regresamos a nuestro hogar después de nuestros viajes ministeriales, me encanta simplemente estar en casa. Prefiero comer en casa si es posible, y me gusta ver buenas películas familiares en casa cuando están disponibles. Me gusta sentarme y relajarme con una taza de té o café y mirar por la ventana. Simplemente me gusta *estar* allí.

Pero he notado que después de unos tres días, comienzo a aburrirme con aquello que me encantaba tres días antes. No hay nada mal en mí. Simplemente es mi naturaleza dada por Dios dejándome saber que es tiempo de algo distinto.

Creo que Dios instala estas señales de advertencia en nosotros, y si les ponemos atención, evitarán que nos metamos en problemas serios. Nuestra constitución emocional necesita cambio. Negarnos a nosotros mismos la variedad necesaria por miedo o inseguridad—o por cualquier otra razón—es peligroso. Si lo hacemos, no estamos dirigiendo a una gran pérdida de gozo.

El fino arte del equilibrio es algo delicado, y cada uno de nosotros debemos escuchar al Espíritu Santo y a nuestro propio corazón. Cada uno tenemos necesidades individuales, y para mí es fascinante ver cómo una persona tiene una fuerte necesidad de algo que otro no necesita para nada.

He tenido el mismo peinado—o uno similar—durante años y años, y probablemente nunca lo cambie. Pero no me gusta llevar el mismo pijama por más de dos noches seguidas, así que tengo varios, y los cambio para no aburrirme con mi ropa de dormir.

Mi hija, Laura, por otro lado, cambia de peinado unas dos veces al año. Intenta todo tipo de cosas nuevas—muchas no le gustan—, pero le gusta el cambio en su cabello. Sin embargo, no le importa para nada en qué ropa duerme.

Por esta razón, no podemos recurrir al estilo de vida de otras personas y sus decisiones para que nos digan qué hacer. Un individuo podría estar totalmente satisfecho comiendo el mismo desayuno cada día de su vida, mientras que otro podría querer cereal caliente una mañana y huevos a la siguiente, luego cereal frío con plátano, al otro día fruta y después *bagels* con queso crema.

Recuerde que la variedad simplemente significa eso, y que usted es libre de tener variedad en su variedad. En otras palabras, usted es libre de ser *usted;* no tiene que seguir el plan de alguien más.

¡No se vuelva añejo y mohoso!

Este nuestro pan lo tomamos caliente de nuestras casas para el camino el día que salimos para venir a vosotros; y helo aquí ahora ya seco y mohoso.

Josué 9:12

Si tengo una hogaza de pan en la mesa para cenar, y después de cenar nos sentamos y hablamos un rato y tomamos café, puedo estirar la mano y tocar el pan no cubierto y detectar si está comenzando a ponerse un poco seco alrededor de los bordes. Quizá todavía no esté seco por completo, pero si no lo envuelvo y cuido de él adecuadamente, pronto se volverá duro, quebradizo y sin sabor.

El mismo principio se aplica a nuestra vida. Si no tenemos cuidado, el enemigo nos engañará para que permitamos que nuestra vida se vuelva seca y dura.

¡Debemos aprender a resistir al diablo desde el principio!

Hace años, nuestra hija Sandra nos ayudó como nuestra ama de llaves de tiempo completo. Pasaba mucho tiempo limpiando y haciendo la colada. Cualquiera que limpie la casa día tras día puede llegar a cansarse de ello. Puede ser uno de los trabajos más difíciles para mantenerse emocionado, porque usted limpia y entonces alguien más ensucia, y usted limpia de nuevo, y otra vez alguien ensucia. Esto es especialmente cierto si hay niños pequeños o adolescentes presentes.

Una vez noté que Sandra estaba haciendo en lunes tareas que normalmente hacía más tarde en la semana, así que le pregunté: —¿Qué estás haciendo?

—Necesito mezclar este horario un poco en alguna forma —respondió—, y ponerle un poco de frescura.

Como puede ver, algunas veces ayuda si simplemente cambia su día de hacer la colada o, si por diversión, ve una película o escucha música mientras plancha. Trate de ir a la tienda de comestibles en un día distinto, o todavía mejor, vaya a una tienda diferente. Estos cambios simples pueden añadir suficiente variedad para evitar que las cosas se estanquen demasiado.

Mi asistente administrativa era una perfeccionista

que ahora ha sido liberada de una conducta compulsiva. En el pasado, ella nunca habría salido de casa sin haber dejado hecha la cama. Comenzó a ver la necesidad de cierta diversidad en su vida, así que un día me dijo:

—Te vas a reír cuando te cuente esto.

Continuó diciéndome que solo por diversión, a propósito, salió de su casa esa mañana con la cama sin hacer. Me dijo que disfrutó mucho salir de la pieza y voltear hacia atrás y verla sin tender. Esta era una señal de liberación y libertad para ella.

—Solo lo voy a hacer por esta semana —me dijo—, pero sí que se ha sentido bien simplemente salir del molde.

Cuando ella dijo eso, se me ocurrió que *¡si nos quedamos en el mismo molde demasiado tiempo, nos enmohecemos!*

Nuestro hijo menor, quien en ese entonces tenía once años, y que no le agradaba mucho tender su cama o limpiar su cuarto, escuchó la historia de mi asistente. Al día siguiente me dijo: —Bueno, voy a tener un poco de variedad hoy. No voy a hacer mi cama.

Por supuesto, estaba tratando de hacerse el gracioso; probablemente pensó que tenía "agotamiento por tender la cama", pero yo quería que siguiera haciendo su cama y que siguiera agotándose.

Algunas personas dicen: "Tengo que tener una rutina", o: "Simplemente, soy una criatura de hábitos". La rutina es buena, y algunos hábitos también son buenos, siempre y cuando no nos lleven a estancarnos o enmohecernos.

Usted tiene la libertad de ser tan orientado a la rutina o a los hábitos como quiera. Siempre y cuando tenga gozo en ello. ¡Lo importante es que haga el esfuerzo de ver cuánto puede *disfrutar* su vida!

Añada variedad en maneras sencillas

...con tal que acabe mi carrera con gozo...
Hechos 20:24

Añadir variedad a su vida no tiene que ser caro o complicado. Si usted quiere hacer algo distinto en la noche, lleve a la familia a pasear. A la mayoría de los niños pequeños les encanta pasear en el coche. Incluso treinta minutos puede ser todo lo que necesita.

Salga y tome una taza de café. Sí, puede hacerla en casa, pero quizá no sea tan divertido. Vaya por un helado o un refresco. Salgan a caminar o a sentarse en el parque a ver los niños jugar. Durante las fiestas paseen por el vecindario para ver las luces navideñas en las casas.

Si tiene un proyecto grande delante de usted que va a ser una tarea de todo el día, tome descansos breves. Camine afuera unos minutos si el clima es adecuado y beba un vaso de té helado. Si ve que sus vecinos salen, hable con ellos un rato. Siéntese en el sofá y vea un programa corto en la TV que usted disfrute.

No debe perder de vista su meta, pero esos pequeños descansos pueden hacer toda la diferencia en cómo se siente con respecto al proyecto. Pueden ayudarlo a acabar su "carrera con gozo".

Sin importar lo que haga si está obedeciendo la Escritura y haciéndolo para el Señor, no solo debería comenzar el camino con gozo, sino también terminarlo en la misma manera.

11
Gozo en la sala de espera de Dios

El corazón del hombre piensa su camino; mas
Jehová endereza sus pasos.

Proverbios 16:9

Nosotros pensamos y planeamos en términos temporales, y Dios piensa y planea en términos eternos. Lo que esto significa es que estamos muy interesados en el ahora, y Dios está mucho más interesado en la eternidad. Queremos lo que se "siente bien" en este momento, y lo que produce resultados inmediatos, pero Dios está dispuesto a invertir tiempo. Dios es un inversionista; Él va a invertir mucho tiempo en nosotros porque tiene un propósito eterno planeado para nuestra vida.

Dios ve y entiende que no vemos ni entendemos. Nos pide que confiemos en Él, que no vivamos con base en nuestro propio entendimiento, lo cual es frustrante cuando las cosas no siempre van según nuestro plan.

Sin abundante confianza en Dios, nunca experimentaremos gozo y deleite. Tenemos ideas acerca de cómo y cuándo deberían suceder las cosas. Dios no solo tiene un plan predeterminado para nuestra vida, sino que tiene el tiempo perfecto para cada fase.

Salmo 31:15 nos asegura que nuestros tiempos están
en sus manos. Resistir y pelear en contra del tiempo
de Dios es el equivalente a pelear contra su voluntad.

Muchas veces fallamos en caer en cuenta de que
estar fuera del tiempo de Dios es lo mismo que estar
fuera de su voluntad. Quizá sepamos *qué* es lo que
Dios quiere que hagamos, pero no *cuándo* quiere que
lo hagamos.

¡Dele tiempo a Dios!

Después de estas cosas vino la palabra de Jehová a Abram en visión, diciendo: No temas,
Abram; yo soy tu escudo, y tu galardón será so-
bremanera grande. Y respondió Abram: Señor
Jehová, ¿qué me darás, siendo así que ando sin
hijo, y el mayordomo de mi casa es ese damas-
ceno Eliezer? Dijo también Abram: Mira que
no me has dado prole, y he aquí que será mi
heredero un esclavo nacido en mi casa. Luego
vino a él palabra de Jehová, diciendo: No te he-
redará éste, sino un hijo tuyo será el que te he-
redará. Y lo llevó fuera, y le dijo: Mira ahora
los cielos, y cuenta las estrellas, si las puedes
contar. Y le dijo: Así será tu descendencia.

Génesis 15:1–5

Abraham tuvo una palabra definitiva de Dios
acerca de su futuro. Sabía lo que Dios le había

prometido, pero no tenía noticias con respecto a cuándo sucedería.

Lo mismo suele ser cierto para nosotros. Mientras estamos esperando nuestra promesa o que se haga realidad nuestro sueño—esperando un avance—no siempre es fácil disfrutar el tiempo invertido en la sala de espera.

Una vez que Dios nos habla o nos muestra algo, estamos llenos de ello. Es como si estuviéramos "encintas" con lo que Dios ha dicho. Él ha plantado una semilla en nosotros, y debemos entrar a un tiempo de preparación. Este tiempo nos prepara para manejar lo que Dios ha prometido darnos o hacer por nosotros.

Es muy semejante al nacimiento de un niño. Primero, la semilla es plantada en el útero, entonces vienen nueve meses de espera, y, finalmente, nace el bebé. Durante esos nueve meses, hay mucho que está sucediendo. El cuerpo de la mujer está cambiando para prepararla para poder dar a luz. La semilla está madurando. Los padres están preparando cosas para la llegada del bebé. Están acumulando el equipo necesario para cuidar adecuadamente de un niño.

Así como hay mucha actividad dentro del cuerpo de la madre que no podemos ver, hay mucha actividad en el mundo espiritual con respecto a las promesas de Dios para nosotros. Solo porque no podamos ver o sentir que esté sucediendo algo no quiere decir que nada esté sucediendo. Dios hace su mejor trabajo en secreto, y se deleita en sorprender a sus hijos.

Ismael no es Isaac

> Sarai mujer de Abram no le daba hijos; y ella
> tenía una sierva egipcia, que se llamaba Agar.
> Dijo entonces Sarai a Abram: Ya ves que Je-
> hová me ha hecho estéril; te ruego, pues, que te
> llegues a mi sierva; quizá tendré hijos de ella. Y
> atendió Abram al ruego de Sarai.
>
> Génesis 16:1–2

Abraham y Sara se cansaron de esperar. Estaban
agotados y comenzaron a preguntarse si quizá había
algo que pudieran hacer para mover las cosas más rápido. En Génesis 16:1–2, vemos que Sara (entonces
llamada Sarai), la esposa de Abram, tuvo la idea de
darle su sierva a su marido para que tuviera relaciones
sexuales con ella. Ella sintió probablemente que esta
sería la manera de que Dios les diera el hijo prometido. Le parecía que Dios no estaba haciendo nada,
así que ella haría algo.

¿Les suena familiar? Durante los tiempos de espera,
¿se le ocurre una idea brillante y trata de ayudar al
Espíritu Santo?

Abraham escuchó a Sara, hizo lo que le pidió, y el
resultado fue el nacimiento de un niño llamado Ismael. Pero Ismael no era el hijo de la promesa.

Ismael tenía catorce años cuando Isaac, el hijo de
la promesa, finalmente nació. Probablemente, tomó
más tiempo que el planeado originalmente, porque

una vez que damos a luz a los "Ismaeles" en nuestra vida, tenemos que tratar con las repercusiones. Siempre digo que una vez que tenemos a Ismael, tenemos que cambiarle los pañales y cuidar de él.

Nos gustaría hacer nuestra propia voluntad y hacer que Dios la haga funcionar, pero Él me hizo saber hace años que lo que damos a luz en la fuerza de nuestra propia carne, Él no está obligado a cuidar o pagar por él.

Ismael nunca nos trae gozo. Quizá lo amamos, porque ciertamente amamos el fruto de nuestra labor. Lo que nos esforzamos y trabajamos por producir usualmente significa mucho para nosotros, pero eso no significa que tenga la capacidad inherente de traer deleite a nuestra vida.

Hay muchas personas frustradas sin gozo que han establecido y supervisan obras grandes. Dios no dice que no podíamos construir, pero el salmista sí dijo: **"Si Jehová no edificare la casa, en vano trabajan los que la edifican…"** (Salmo 127:1).

Es terriblemente frustrante trabajar y construir y tener todas las señales visibles de éxito, sin tener la capacidad de disfrutarlo. Podemos construir, pero si nuestro trabajo no está en el plan de Dios para nosotros, puede ser en vano (inútil).

Muchas personas invierten su vida trepando por la escalera del éxito y cuando llegan a la cima descubren que su escalera está recargada sobre el edificio equivocado. Yo no quiero hacer eso con mi vida, y estoy segura de que usted no quiere hacer eso con la suya tampoco.

Es vitalmente importante darse cuenta de que lo que sea que Dios nos llama a hacer, Él provee el deleite para que lo hagamos. Dios no nos ha atraído a usted y a mí a una relación consigo mismo con el fin de hacernos sentir miserables. En lugar de ello, nos trae justicia, paz y gozo (Romanos 14:17).

Muchas personas no obtienen gozo de sus labores, pero esto no debería ser así para los hijos de Dios guiados por el Espíritu. Disfrutar nuestra labor es un regalo de Dios (Eclesiastés 5:19). El deleite mismo es un regalo de Dios, y uno lleno de bendición, podría agregar. Yo sé lo que es trabajar sin disfrutar el fruto de mi trabajo, y no quiero volver a vivir así nuevamente.

Ismael no puede heredar con Isaac

Visitó Jehová a Sara, como había dicho, e hizo Jehová con Sara como había hablado. Y Sara concibió y dio a Abraham un hijo en su vejez, en el tiempo que Dios le había dicho. Y llamó Abraham el nombre de su hijo que le nació, que le dio a luz Sara, Isaac.

Génesis 21:1–3

Finalmente, nació Isaac, y él e Ismael fueron criados juntos durante tres años, pero no sin algunos desafíos.

En Génesis 21:10, Sara le dijo a Abraham que

Ismael tenía que irse, y Dios confirmó sus palabras en el versículo 12 al decir: **"No te parezca grave a causa del muchacho y de tu sierva; en todo lo que te dijere Sara, oye su voz, porque en Isaac te será llamada descendencia"**.

Ismael no podía heredar con Isaac. La obra de la carne no puede compartir la obra el Señor.

Siempre habrá un momento en el que las obras de nuestra propia carne deben experimentar la muerte o una separación total. Dios quiere que seamos herederos, no asalariados. Somos herederos de Dios y coherederos con Cristo (Romanos 8:17). Un heredero recibe lo que otro ha trabajado. No trabaja para obtener lo que ya es suyo, por herencia. Y si trata de hacerlo, definitivamente perderá su gozo.

Génesis 16:12 dice que Ismael será: **"Y él será hombre fiero; su mano será contra todos, y la mano de todos contra él..."**. Mientras que el nombre de Isaac significa "risa". Eso realmente lo dice todo.

Cuando hacemos nuestras cosas en nuestro propio tiempo y nos rehusamos a esperar en Dios, vamos a recibir guerra. Cuando esperamos la promesa de Dios, siempre nos traerá gozo. La espera es difícil, pero el gozo de recibir el premio vale la pena la espera. Cómo disfrutar la espera es la clave.

No nos toca a nosotros conocer el tiempo de Dios

No os toca a vosotros saber los tiempos o las
sazones, que el Padre puso en su sola potestad.
Hechos 1:7

Con frecuencia experimentamos mucha decepción,
lo cual es un obstáculo para el gozo y el disfrute, debido a que decidimos por nosotros mismos que algo
tiene que ser hecho en cierta manera o en cierto momento. Cuando queremos algo con tanta fuerza, podemos convencernos a nosotros mismos fácilmente
de que es la voluntad de Dios para nosotros que lo
tengamos cuando queremos en la manera en que lo
queremos.

Siempre creo y oro por cosas. Soy una persona
enfocada en metas y siempre necesito algo que esperar. Hace muchos años, batallaba con la frustración cuando las cosas no sucedían en la manera que
debían hacerlo. Trataba de usar mi fe para obtener lo
que quería. Cuando eso no llegaba a tiempo, sentía
que mi fe era débil o que el enemigo estaba blo-
queando mi bendición.

Ahora, después de muchos años de experiencia caminando de cerca con Dios, sé que puedo y debo usar
mi fe, pero Dios tiene un tiempo establecido.

"Cuando fuere tiempo" (1 Pedro 5:6); "Al
tiempo señalado" (Génesis 18:14); "Cuando vino el

cumplimiento del tiempo" (Gálatas 4:4); esto es lo que dice la Biblia con respecto al tiempo de Dios. Jesús mismo aclaró que no nos toca saber cuáles son esos tiempos.

Permanecer expectante cada día, confiando en Dios para hacer que sucedan sus planes sin importar lo mucho que tarde, es una de las cosas que nos mantendrá a usted y a mí fluyendo con gozo.

Cuando una mujer embarazada está esperando dar a luz a su hijo, la gente dice que está "esperando". Estoy segura de la mayoría de nosotros estamos esperando.

Sé que yo estoy esperando.

Hay cosas que Dios me ha dicho—cosas que ha puesto en mi corazón—que todavía no experimento. Algunas de ellas han estado allí por unos quince o dieciséis años. Otras cosas que puso en mi corazón en la misma época ya han sucedido.

Solía estar confundida por esto. Ahora, ya no estoy confundida, estoy esperando. Mi tiempo puede venir en cualquier momento, cualquier día; incluso probablemente hoy. Y también el suyo.

¡De repente!

Podemos esperar una "temporada de 'de repentes'" en nuestra vida. Probablemente nos levantemos por la mañana con un problema importante y acostarnos por la noche sin él.

¡Dios se mueve de repente!

De hecho, Él está trabajando tras bastidores todo el tiempo. Pero, así como el nacimiento de un bebé llega de repente, ¡así Dios manifiesta lo que ha estado haciendo por nosotros de repente!

En Hechos 1:4, después de su resurrección, Jesús les mandó a sus discípulos y a otros seguidores **"que no se fueran de Jerusalén, sino que esperasen la promesa del Padre, la cual, les dijo, oísteis de mí"**. Fueron instruidos a esperar.

Es difícil para nosotros cuando la instrucción de Dios para nosotros es esperar. Ha habido momentos en los que le he dicho al Señor: "¿Qué quieres que haga?". Y lo único que me ha dicho ha sido: "Espera". No me decía cuánto tiempo; simplemente que esperara.

Debemos estar dispuestos a esperar indefinidamente.

En Hechos 1:13, leemos lo que hicieron los discípulos después de que Jesús les dio las instrucciones de esperar y luego los dejó cuando ascendió al Padre en el cielo: **"Cuando llegó el día de Pentecostés, estaban todos unánimes juntos. Y *de repente* vino del cielo un estruendo como de un viento recio que soplaba, el cual llenó toda la casa donde estaban sentados"**.

Mientras estaban esperando—*de repente*—lo que estaban esperando llegó.

Solo piénselo: en un momento estaban esperando, y al minuto siguiente tenían lo que habían estado esperando. ¡Eso hace que la vida sea emocionante!

Podemos esperar y estar llenos de esperanza.

Una mujer embarazada, cuando se acerca su tiempo, se va a la cama cada noche pensando: *Esta podría ser la noche*. Se despierta cada día pensando: *Probablemente hoy tenga al bebé*. Ella continúa con esa manera de pensar hasta que el bendito evento sucede.

Deberíamos tener esa misma actitud, y mientras lo hagamos, disfrutaremos la jornada. Podemos disfrutar la sala de espera, pero solo con la actitud adecuada.

Los años de silencio

Jesús pasó treinta años en preparación para un ministerio de tres años.

La mayoría de nosotros quizá estemos dispuestos a prepararnos tres semanas para un ministerio de tres años, e incluso eso, preferiríamos más bien que no tomara tanto tiempo. Estamos muy acostumbrados a nuestra sociedad "instantánea, todo ahora" que traemos estas expectativas impacientes a nuestra relación con Dios. Lo cual nos mantiene en un estado de agitación hasta que vemos que Dios no nos va a promover hasta que estemos bien preparados.

En su humanidad, Jesús pasó algunas cosas que lo equiparon para hacer lo que Dios lo había llamado a hacer, como leemos en Hebreos 5:8–9: **"Y aunque era Hijo, por lo que padeció aprendió la obediencia;**

y habiendo sido perfeccionado, vino a ser autor de eterna salvación para todos los que le obedecen".

Jesús pasó por lo que yo llamo los "años de silencio", al igual que muchos otros héroes de la Biblia que fueron utilizados poderosamente por Dios.

El nacimiento de Jesús es registrado en Lucas capítulo 2. Fue circuncidado a los ocho días conforme a la Ley, y poco después, fue dedicado en el templo, pero no escuchamos nada más acerca de Él en la Escritura hasta que tiene doce años. Entonces, lo encontramos en el templo, sentado entre los maestros, y haciendo preguntas (Lucas 2:41–51).

Lo único que he podido encontrar en la Palabra de Dios con respecto a esos "años de silencio" es que: **"El niño crecía y se fortalecía, y se llenaba de sabiduría; y la gracia de Dios era sobre él"** (Lucas 2:40).

Entre los doce y los treinta, Jesús tuvo más "años de silencio": dieciocho años en los que nadie supo nada de Él. Tiene que haber estado haciendo algo. ¿Qué? Después de que sus padres lo encontraron en el templo cuando se suponía que debería haberse ido a casa con ellos, se lo llevaron de vuelta con ellos: **"Y descendió con ellos, y volvió a Nazaret, y estaba sujeto a ellos. Y su madre guardaba todas estas cosas en su corazón. Y Jesús crecía en sabiduría y en estatura, y en gracia para con Dios y los hombres"** (Lucas 2:51–52). Esta es otra manera de decir: "Creció".

Al igual que Jesús creció durante este tiempo

en silencio, usted y yo debemos crecer en muchas cosas; los años de silencio ayudaron a proveer ese crecimiento.

Durante estos años obtenemos fuerza a medida que aprendemos y pasamos por varias cosas. Un principio de vida es que todo crece. La fe crece, la sabiduría crece, junto con el conocimiento, la comprensión y el entendimiento.

El discernimiento se desarrolla al igual que la sensibilidad a la gente y a Dios. La Palabra de Dios nos enseña, pero también las experiencias de la vida como vemos en Proverbios 5:1: **"Hijo mío, está atento a mi sabiduría, y a mi inteligencia inclina tu oído"**.

Recuerdo los "años de silencio" en mi vida: los años en los que yo sabía que Dios me había llamado al ministerio, pero en los que no estaba pasando nada. Esos años en los que estaba creyendo y no viendo.

Todos tenemos momentos en los que nada está pasando y parece que a nadie, ni siquiera a Dios incluso, le importa realmente. Al parecer no podemos escuchar de Dios. No podemos "sentir" a Dios. Nos preguntamos si somos un poco "excéntricos", o probablemente nunca escuchamos a Dios después de todo.

Esos son momentos en los que parece como si Dios nos hubiera colocado de una manera nítida sobre un estante, y nos preguntamos si alguna vez nos va a usar, o si experimentaremos nuestro avance.

¡Estos son los momentos en los que necesitamos

recordar por fe que Dios tiene un tiempo señalado y que su tiempo es perfecto!

Apresurarnos nos roba el gozo

Dios ha invertido mucho tiempo enseñándome que apresurarnos nos roba el gozo. Porque Él no tiene prisa o, podríamos decir, no tiene un espíritu de "apresúrate" con respecto a Él, y nosotros tampoco deberíamos tenerlo. Después de todo, fuimos creados a su imagen.

¿Puede imaginarse a Jesús comportándose en la manera en que lo hacemos? Dudo que se haya levantado en la mañana y que les haya dicho a los discípulos que se apresuraran y se prepararan para ir a Jerusalén porque iban a tener un congreso.

Dios no solo tiene un tiempo con respecto a cuándo experimentaremos los deseos y metas que estamos esperando, sino que también creo que hay un momento en el que debemos vivir, y probablemente, debería decir: una velocidad a la que debemos vivir. Se debería mostrar en nuestro ritmo de vida: cómo caminamos, hablamos y comemos revela algo acerca de nuestra actitud hacia la espera.

Hay un paso que es cómodo para caminar, pero el espíritu de "apresúrate" que prevalece hoy en la Tierra nos hace querer correr y hacer cosas que no requieren apresurarse. Algunas personas hablan tan rápido que uno apenas y puede asimilar y digerir lo que están diciendo. Otros se irritan si usted no los entiende de inmediato, y pedirle que repitan o expliquen algo suele molestarlos.

Muchas personas realmente no comen, devoran su comida. Algunas veces las personas que comen demasiado rápido tienen problemas con comer de más. Creo que hay una satisfacción emocional que obtenemos de comer. Nuestro cuerpo no solo necesita la nutrición, sino que debemos disfrutar nuestras comidas. Si tomamos tiempo para disfrutarlas completamente, quizá encontremos que nos satisfacen más y que requerimos menos alimento.

La gente en general está de prisa. Con mucha frecuencia cuando le preguntamos a otros cómo están, nos responden: "Muy ocupado". Eso automáticamente me hace sentir apresurado. Me da la impresión de que desearían que no los hubiéramos detenido y que solo quieren que uno los deje solos. La mayoría de la gente está definitivamente viviendo la vida en el carril de alta velocidad, pero no es el carril en el que encontraríamos a Jesús si estuviera viviendo en la carne en la Tierra hoy.

Tome la decisión de no vivir su vida de prisa. No la va a disfrutar si la pasa corriendo. Todo va a pasar como una mancha.

Con frecuencia la gente se queja de lo ocupada que está—de lo cansada que está—, pero no hace nada al respecto.

¡Tome una decisión! ¡Saboree la vida! Deguste el

sabor de cada día. Tome un poco de tiempo cada noche para meditar en los eventos del día especialmente en los detalles especiales que sucedieron.

Medite en las cosas que le trajeron gozo, y tendrá el placer de disfrutarlas nuevamente. Si usted va a ir de prisa todo el tiempo con el fin de hacer lo que está haciendo, tome la decisión de hacer menos.

¿Salir de su casa en la mañana a tiempo se está convirtiendo en una pesadilla de prisa y frustración? Tome la decisión de hacer menos, o levántese más temprano. ¡Declárele la guerra al espíritu de "apresúrate"!

Con demasiada frecuencia estamos ya sea, demasiado comprometidos, o poco comprometidos. Lo que realmente necesitamos son compromisos equilibrados. Dios no se impresiona con nuestro exceso de actividad, incluso cuando se hace en su nombre. Recuerde que la paz conduce al gozo. Si Satanás puede robar nuestra paz, entonces también se llevará nuestro gozo.

12

Libertad en las relaciones

Porque vosotros, hermanos, a libertad fuisteis llamados; solamente que no uséis la libertad como ocasión para la carne, sino servíos por amor los unos a los otros.

Gálatas 5:13

Cuando se trata de disfrutar la vida, todos nos encontramos en diferentes lugares de nuestra jornada. Algunos de nosotros disfrutamos la vida plenamente, y otros nada.

Piense en lo que dije anteriormente. Jesús dijo que vino para que tengamos vida y que la tuviéramos en abundancia: al borde hasta que rebose (Juan 10:10). Se nos ordena que disfrutemos nuestra vida; por lo menos, es la manera en que he decidido verlo.

Para disfrutar la vida debemos tener libertad y debemos permitir que otros tengan libertad.

Una de las tareas más arduas que podemos realizar es el trabajo de tratar de controlar a los que nos rodean.

Pasé muchos años tratando de controlar a mi marido, a mis hijos y a mis amigos. No lo estaba haciendo porque fuera mala. De niña, había sufrido abuso y había sido controlada yo misma, y creo que en algún punto del camino decidí que era controlar o ser controlada. Temía que otros dirigieran, porque sentía que, si lo hacía, nunca obtendría lo que quería.

Mi experiencia fue que todos los que tenían autoridad en mi vida me habían lastimado, y yo no iba a permitir que eso volviera a suceder. Ni siquiera entendía realmente incluso que yo era una controladora: que me había convertido en aquello mismo que yo odiaba.

Sí, entendía que no era feliz. No tenía paz ni gozo, y ciertamente no estaba disfrutando mi vida. Sabía que tenía un problema, pero no sabía cuál era o cómo arreglarlo.

He estado compartiendo capítulo tras capítulo las cosas que Dios me ha mostrado durante mi propia recuperación, y este capítulo no es la excepción. Es algo que he aprendido que me ha ayudado inmensamente a disfrutar mi vida y a las personas en ella.

Yo no solo tenía problemas con tratar de controlar a los demás, pero en ciertas formas, le permitía a la gente que me controlara. Estaba demasiado preocupada de lo que pensaban, y yo trataba de vivir a la altura de sus expectativas y exigencias silenciosas.

Este fue el caso especialmente entre grupos de personas con quienes deseaba relacionarme. Quería ser parte, pero seguía estando en el exterior mirando hacia adentro. Me parece ahora en retrospectiva que yo trataba de controlar a los que me amaban, y vivía en el temor del rechazo de las personas cuyo amor desesperadamente quería. Como resultado, les permití robar mi libertad.

Dios no nos creó para ninguna clase de control excepto el dominio propio. Nosotros debemos voluntariamente darle las riendas de nuestra vida, no tratar de conservarlas, ni dárselas a personas que quieren usarnos para su propio beneficio y ventaja.

He avanzado bastante, y creo que he podido ayudar a muchas personas a lo largo del camino. Soy libre para ser yo, y estoy libre de la necesidad de controlar a los demás.

Transfórmese, no se conforme

No os conforméis a este siglo, sino transformaos por medio de la renovación de vuestro entendimiento, para que comprobéis cuál sea la buena voluntad de Dios, agradable y perfecta.

Romanos 12:2

La voluntad de Dios para nosotros es la transformación, que sucede de dentro hacia afuera. Por otro lado, conformarse es esforzarse por vivir a la altura de la idea externa y superficial de alguien más de lo que deberíamos ser por medio de nuestro propio esfuerzo para adaptarnos a sus ideas, expectativas y exigencias.

Con frecuencia el mundo quiere trazar los límites de una caja para nosotros y ponernos dentro. El problema es que, la caja fue diseñada por ellos, no por Dios.

Nunca podré ser feliz o plena viviendo en la caja de alguien más, y usted tampoco puede.

La mayoría de la gente piensa que deberíamos hacer lo que ellos están haciendo: ser parte de su plan. Esto es maravilloso si Dios está de acuerdo, pero cuando Dios dice que no, debemos aprender a decir que no. También debemos aprender a decir que sí cuando Él dice que sí.

La gente ha desarrollado hábilmente métodos de decir en una manera diplomática: "Si no haces lo que quiero que hagas, te voy a rechazar". Los padres se lo dicen a sus hijos, las esposas a sus maridos, y los maridos a las esposas. Las congregaciones se los dicen a sus pastores. Los amigos a los amigos. Existe ampliamente en cada tipo de relación.

El dolor del rechazo es difícil de soportar; por lo tanto, nos sentimos tentados a simplemente cumplir con la expectativa en lugar de defender nuestra libertad. Rápidamente, nos podemos convertir en personas que buscan agradar a la gente en lugar de a Dios (Efesios 6:6). Entonces no somos felices. No hay paz ni gozo. No estamos disfrutando nada, y con frecuencia ni siquiera sabemos por qué.

Debemos ser dirigidos por el Espíritu si es que vamos a disfrutar la jornada. No podemos ser dirigidos, o controlados, por nuestros amigos, parientes o por cualquier otra persona en nuestra vida.

Algunas veces, cuando finalmente vemos que alguien nos ha estado controlando, nos enojamos mucho con esa persona con respecto a todos los años de nuestra vida que nos ha robado. Dios tuvo que mostrarme cuando estaba en la etapa de enojo, que era tanto mi culpa como la de la otra persona.

Nadie nos puede controlar si no lo permitimos. Algunas veces estamos tan tensos y temerosos alrededor de otros—tan preocupados de que no los impresionaremos—que eso nos hace sentir totalmente miserables. También roba nuestra confianza y evita que utilicemos los dones que Dios nos ha dado.

Una noche antes de uno de nuestros congresos, fui al cuarto de oración y sorprendí a mi líder de alabanza haciendo ejercicios de estiramiento. Me pregunte a mí misma: *¿Qué está haciendo? Se supone que debería estar preparándose para dirigir la alabanza.*

Vio que lo estaba mirando y me dijo: "El Señor me dijo mientras me estaba preparando para esta noche que me soltara". ¡Lo que dijo me impactó porque yo iba a enseñar sobre libertad esa noche, y la primera definición que encontré en mi estudio para la palabra "libertad" era *estar suelto!*

Cuando uno está alrededor de otras personas, sean individuos que usted conozca o que no, resista la tentación de estar tenso. Simplemente relájese y suéltese. Sea libre para ser usted mismo. Si sus amigos no le permiten ser usted mismo, ¿son realmente sus amigos?

Dios le estaba diciendo a Chris, nuestro líder de

alabanza: "No te sientas presionado para desempeñar
tu papel".

El ladrón viene para matar (Juan 10:10). ¿Qué
desea matar? La vida de Cristo que está en nosotros.
Quiere asfixiar y sofocarla con temor e inseguridades.

Hablé bastante en capítulos anteriores de este libro
acerca del legalismo y cómo, si vivimos bajo la Ley,
nos roba la vida. La letra mata, pero el Espíritu vivifica (2 Corintios 3:6). Si no somos cuidadosos, podemos permitirles a otras personas convertirse en una
ley para nosotros.

Vive y deja vivir

"Vive y deja vivir" es una frase que fue diseñada para
decir: "Seamos todos libres". Significa: "Tú ocúpate
de tus asuntos y yo me ocuparé de los míos y vice-
versa".

¿Sabía que incluso la Biblia nos dice que deberíamos ocuparnos de nuestros propios asuntos?

> **Y que procuréis tener tranquilidad, y *ocuparos
> en vuestros negocios*, y trabajar con vuestras
> manos de la manera que os hemos mandado.**
> **1 Tesalonicenses 4:11 (énfasis añadido)**

Esto es algo que todos deberíamos esforzarnos en
hacer. Debería ser nuestra ambición ocuparnos de
nuestros negocios.

Definitivamente he descubierto que la aplicación

de este principio me ayuda grandemente a disfrutar mi vida.

Muchas veces nos metemos en cosas que para empezar realmente no eran asunto nuestro, y esas mismas cosas nos hacen sentir miserables. El Espíritu Santo no nos equipará para manejar los asuntos de alguien más. Por eso es que las cosas se vuelven tan complicadas cuando nos involucramos donde no debemos. Obviamente, hay momentos para involucrarse y ayudar a alguien en necesidad, pero necesitamos ser dirigidos por el Espíritu Santo sobre lo que hacemos y cómo lo hacemos.

He llegado al punto en el que siento que tengo suficientes cosas en las cuales ocuparme sin tener que involucrarme en los asuntos de otras personas.

Es asombroso cómo nuestro gozo y deleite pueden incrementar solo por seguir este principio sencillo. Estoy muy a favor de los dones del Espíritu, y una palabra de sabiduría o de ciencia (2 Corintios 12:8) puede realmente alentarnos y ayudarnos a seguir adelante.

Solo asegúrese de que, si usted tiene una "palabra" para alguien, que sea una palabra de Dios y no una palabra de usted. Se ha abusado incluso de los preciosos dones del Espíritu Santo, y la gente los ha usado para manipular y controlar a otros.

Cuando alguien le dé una palabra de Dios, siempre recuerde que debería ser una confirmación de lo que el Señor ya le ha mostrado. Si es algo nuevo para usted póngalo "en el estante" de sus pensamientos y espere a ver lo que Dios le muestra al respecto.

Instruya al niño

Instruye al niño en su camino, y aun cuando fuere viejo no se apartará de él.

Proverbios 22:6

Debemos instruir a nuestros hijos. Es nuestra responsabilidad delante de Dios hacerlo. Conocer sus diferentes personalidades ayuda bastante para hacerlo adecuadamente. Cuando comparamos al menor con el mayor y decimos cosas como: "¿Por qué no puedes tener buenas notas como tu hermano?", y una variedad de otras cosas, podríamos estar entrometiéndonos en los asuntos de Dios. Él creó a cada uno de nuestros hijos y los hizo para sus propósitos, no para los nuestros.

Muchos padres quieren cumplir sus propios sueños no cumplidos a través de sus hijos, lo cual genera mucha presión. Los niños naturalmente quieren agradar a sus padres, pero los padres controladores terminarán con hijos rebeldes.

Debemos enseñarles a nuestros hijos lo que es correcto, pero a medida que vayan creciendo, también debemos permitirles tomar sus propias decisiones. Esto ayudará a desarrollar una relación de respeto. No solo nos respetarán como sus padres, sino que también respetarán nuestros valores y, finalmente, estarán más dispuestos a seguir esos valores.

Nosotros como seres humanos simplemente no estamos hechos para el control externo, y cuando es forzado sobre nosotros, genera problemas.

Cuando mis hijas estaban creciendo, yo tenía ciertas ideas, ciertos estándares de lo que pensaba que debería ser una casa limpia. Traté de enseñarle a mis hijas a ser limpias y ordenadas.

Una de ellas tenía una personalidad que al parecer no le importaba el desorden, mientras que la otra era más ordenada que yo. Peleaba con una y pensaba que la otra exageraba. Ambas ahora son adultas y tienen su propia casa.

Las tres tenemos definiciones distintas de la palabra "limpio". Una de mis hijas es un poco más libre en su actitud. Disfruta su casa—y está limpia—, pero no le importa dejar cosas por allí. Ella es la que la vive, así que es libre de mantenerla como lo considere.

Mi otra hija, es bastante estricta acerca de cómo quiere que las cosas se vean, pero ella es la que limpia, así que es su asunto.

Yo probablemente me encuentro entre las dos. Me gusta que mi casa está un poco más organizada que la de una de mis hijas, pero no tiene que estar tan organizada como la de la otra.

Me doy cuenta ahora que perdí mucho tiempo que podría haber disfrutado, en lugar de tratar de hacer que fueran como yo.

Con el fin de darle libertad a la gente, debemos darnos cuenta de que nunca serán buenos en ser alguien más que ellos mismos.

Batallé poderosamente con mi hijo mayor cuando era chico, y nunca supe, sino hasta hace apenas unos años, que chocábamos porque tenemos personalidades idénticas, ambas bastante fuertes. Yo sentía que siempre estaba resistiendo todo lo que yo decía o hacía. Yo creía que simplemente era rebelde, y su actitud sí se convirtió en cierta forma de rebeldía.

No obstante, si hubiera sabido cómo darle un poco de libertad (y debería añadir que los niños de voluntad firme necesitan incluso más libertad que otros), podíamos haber evitado mucha agitación entre nosotros. Mi personalidad fuerte y la suya chocaban entre sí, pero ahora a través de Cristo (y los dos estamos aprendiendo cómo equilibrarnos), trabajamos juntos todo el tiempo en el ministerio.

Dios una vez me dijo: "Aligera la carga de tus hijos, Joyce".

Quiero alentarlo a no ser demasiado rígido con sus hijos. No han tenido el tiempo de aprender lo que usted sabe. Deles un poco de tiempo y se sorprenderá de lo que Dios les enseñará.

No podemos hacer que nuestros hijos amen a Dios, ni podemos obligarlos a hacer lo correcto. Naturalmente, debemos corregirlos, pero deberíamos evitar controlarlos. Deberíamos corregirlos cuando estamos siendo dirigidos por el Espíritu, no por nuestra carne.

He descubierto con nuestros hijos, nuestros empleados o cualquiera bajo mi autoridad, que si los corrijo cuando realmente necesito hacerlo, y no solo cuando quiero hacerlo, los resultados son mucho mejores.

Tome la decisión hoy de que va a disfrutar de sí mismo y de toda la gente que Dios ha puesto en su vida. No solo vea lo que está mal en usted o en ellos. Sea positivo, busque lo bueno y amplifíquelo.

Ore y pídale a Dios que lo ayude a vivir en la libertad que usted puede tener en Cristo, y dele a las personas de su vida la libertad de ser quiénes Él hizo que fueran. ¡A medida que lo haga, disfrutará sus relaciones mucho más que nunca!

13

No envenene su gozo

> Porque: El que quiere amar la vida y ver días buenos, refrene su lengua de mal, y sus labios no hablen engaño.
>
> 1 Pedro 3:10

El hijo de Dios nacido de nuevo tiene gozo viviendo en su espíritu. No obstante, es posible envenenar ese gozo.

La escritura que se citó anteriormente dice que, si queremos amar la vida, lo cual es posible incluso cuando no hay una razón aparente para hacerlo, entonces debemos mantener nuestra lengua libre de mal.

Cuando *The Amplified Bible* en inglés dice que **podemos amar la vida y ver días buenos [buenos: sin importar que así lo parezcan o no]**, creo que significa que, si mantenemos nuestras palabras y pensamientos positivos durante las dificultades, a pesar de que les podría parecer a los demás que nuestras circunstancias deberían hacernos sentir miserables, podemos beber gozo de la fuente de nuestros propios labios.

La fuente de bendiciones y maldiciones

Pero ningún hombre puede domar la lengua, que es un mal que no puede ser refrenado,

llena de veneno mortal. Con ella bendecimos
al Dios y Padre, y con ella maldecimos a los
hombres, que están hechos a la semejanza de
Dios. De una misma boca proceden bendición
y maldición. Hermanos míos, esto no debe ser
así. ¿Acaso alguna fuente echa por una misma
abertura agua dulce y amarga?

Santiago 3:8–11

Podemos bendecirnos o maldecirnos a nosotros
mismos por la manera en que hablamos. Cuando bendecimos, hablamos bien de; cuando maldecimos, hablamos mal de. Usted y yo podemos bendecir nuestra
propia vida y traer gozo a ella, o podemos maldecirla
y traer miseria sobre nosotros mismos, por las palabras de nuestra boca.

Deberíamos estar mucho más preocupados de
lo que sale de nuestra boca con respecto a nosotros
mismos de lo que nos preocupamos incluso de lo que
los demás estén diciendo de nosotros. Hay un pozo
de cosas buenas dentro de nosotros; una de ella es el
gozo. Podemos hacerlo surgir a la superficie y derra-
marlo sobre nosotros mismos mediante las palabras
adecuadas.

La Biblia dice que la lengua no puede ser domada
por el hombre, así que vamos a necesitar la ayuda
de Dios, mucha ayuda, para mantener la lengua bajo
control.

En Santiago 3:6 leemos que **"la lengua es un**

fuego, un mundo de maldad. La lengua está puesta entre nuestros miembros, y contamina todo el cuerpo...".

Es asombroso detenerse y darse cuenta de todos los problemas que un pequeño miembro de nuestro cuerpo ha generado en nuestra vida. La lengua puede arruinar una relación. Nos puede conducir a la depresión. Puede herir a un amigo, o, al ser groseros, lastimar a alguien que apenas y conocemos.

El versículo 8 en Santiago 3 sigue diciendo que la lengua es "...un mal que no puede ser refrenado, llena de veneno mortal". Mmmmm. ¿Alguna vez ha sido envenenado su gozo?

Si es así, considere estas Escrituras:

Las palabras del chismoso son como bocados suaves, y penetran hasta las entrañas.

Proverbios 26:22

La muerte y la vida están en poder de la lengua, y el que la ama comerá de sus frutos.

Proverbios 18:21

Ambas escrituras expresan parcialmente el mensaje que estoy tratando de comunicar en este capítulo: las palabras pueden ayudarnos o lastimarnos, así como a las demás personas con las que estamos involucrados.

Entre en acuerdo con Dios, no con las pruebas

¿Andarán dos juntos, si no estuvieren de acuerdo?
Amós 3:3

Dios tiene un buen plan para nuestra vida, y necesitamos hacer entrar nuestras palabras y pensamientos en acuerdo con Él. Si vamos por allí diciendo cosas como: "Nunca me pasa nada bueno; todo lo que tengo son problemas", podemos esperar que los problemas se multipliquen en nuestra vida.

Las palabras son semillas. ¡Lo que hablamos, sembramos, y lo que sembramos, cosechamos! (vea Gálatas 6:7).

Comience diciendo: "Tengo un futuro, y hay esperanza para mí. Dios está de mi lado. No importa cuántas decepciones haya tenido en el pasado, este es un nuevo día. El bien y la misericordia me están siguiendo hoy".

Hablar en esta manera lo ayudará a disfrutar la jornada. Sin importar qué tanto tenga que esperar su avance, muy bien podría hacer la espera lo más disfrutable posible.

Manténgase feliz por medio de escoger con cuidado lo que sale de su boca. ¿Se ha quejado hoy? Eso va a reducir su gozo rápidamente.

Algunas personas son "críticos crónicos". ¿Alguna vez ha dicho cosas negativas para juzgar a alguien más? Eso ciertamente va a envenenar su gozo. Los comentarios poco amables acerca de otras personas nos provocan muchos más problemas de los que nos imaginamos.

Yo estaba teniendo ciertos problemas en una ocasión con la unción en mi vida. Sentía que algo me estaba deteniendo o bloqueándome. Era difícil de explicar, pero algo no estaba bien. Este sentimiento persistió durante unas tres semanas, y finalmente supe que necesitaba una respuesta de Dios.

Me mostró que había hecho un comentario de crítica sobre la predicación de otro ministro. Dije que no había tenido nada de continuidad; que había saltado de un lado a otro. Había ofendido al Espíritu Santo. Este hermano era un siervo de Dios, predicando bajo la dirección del Espíritu Santo, y yo estaba juzgando su estilo.

Juzgamos lo que es diferente, y usualmente porque nos desafía. Si el estilo de este hombre era correcto, probablemente el mío era el que necesitaba mejorar. No pensé en eso conscientemente, pero creo que con frecuencia las inseguridades que tenemos con respecto a nosotros mismos son la raíz de los juicios que hacemos en contra de otros.

Aprendí una lección importante a partir de ese incidente. Dios realmente trató conmigo con mucha severidad con respecto a este asunto, y sé que parte de la razón es porque enseño su Palabra. Él no quiere que salga agua amarga una vez, y agua dulce a la siguiente. Él no quiere que lo bendiga a Él y maldiga a los que están hechos a su imagen.

Proverbios 18:21 dice: **"La muerte y la vida están en poder de la lengua, y el que la ama comerá de sus frutos"**. ¡Recuerde mantener sus palabras dulces para que el fruto sea dulce!

Conclusión
Acabe su
carrera con gozo

Pero de ninguna cosa hago caso, ni estimo preciosa mi vida para mí mismo, con tal que acabe mi carrera con gozo, y el ministerio que recibí del Señor Jesús, para dar testimonio del evangelio de la gracia de Dios.

Hechos 20:24

L a Biblia está llena de escrituras acerca del gozo, de regocijarse, de tener alegría y cantar. Una de mis favoritas es Salmo 100:1–2:

Cantad *alegres* a Dios, habitantes de toda la tierra. Servid a Jehová con *alegría;* venid ante su presencia con *regocijo* (énfasis añadido).

Servir al Señor con alegría es una buena meta para todos nosotros. Con frecuencia, pensamos que debemos hacer algo grande para agradar a Dios, y olvidamos las cosas sencillas que obviamente bendicen al Señor. Significa mucho para Él que sus hijos lo sirvan con alegría.

Hubo muchos años en los que tenía un ministerio, pero no mucho gozo. Desde entonces he aprendido que el Señor prefiere que tenga un corazón alegre a que sea exitosa, a menos que pueda ser ambas cosas.

En años pasados, en mis congresos, les pedía a las personas que estuvieran en el ministerio a tiempo completo, pero que no estuvieran disfrutando su ministerio, que pasaran al altar para oración. Quedaba sorprendida por cuántos pasaban al frente cada vez que hacía el llamado al altar.

Me hizo preguntarme: Tantas personas se están dirigiendo a algún lugar, pero ¿cuántos están disfrutando el viaje? Sería una gran tragedia verdaderamente llegar y darse cuenta de que no han disfrutado completamente la jornada.

Estoy de acuerdo con el apóstol Pablo: quiero acabar mi carrera *con gozo*. Este versículo en particular al parecer le habla profundamente a mi alma. Qué meta tan asombrosa: servir al Señor con alegría y acabar la carrera con gozo.

Como tengo una personalidad determinada, siempre he tenido la determinación de acabar la carrera. Pero en los últimos años, le he añadido algo adicional a mi meta original. Ahora, no solo quiero acabar mi carrera, sino que la quiero acabar *con gozo*.

Es mi oración que usted se sienta en la misma manera. Cuál sea su situación actual en la vida, sin importar lo que Dios haya puesto en su corazón para hacer, adónde haya sido llamado a ir, disfrute su jornada. Disfrute todos y cada día. No desperdicie un día de la preciosa vida que Dios le ha dado.

Regocijaos en el Señor siempre. Otra vez digo: *¡Regocijaos!*

Filipenses 4:4

BIBLIOGRAFÍA

Exley, Richard. *Rhythm of Life* [El ritmo de la vida]. Tulsa: Honor Books, 1987.

Strong, Dr. James. *Nueva Concordancia Strong Exhaustiva*. Nashville: Grupo Nelson, 2002.

Vine, W. E., Unger, Merrill F., and White, William Jr. *Diccionario expositivo de palabras del Antiguo y Nuevo Testamento exhaustivo de Vine*. Nashville: Grupo Nelson; 1987.

Webster's Ninth New Collegiate Dictionary [Noveno nuevo diccionario colegiado de Webster]. Springfield, MA: Merriam-Webster, Inc., 1990.

Webster's II New College Dictionary [Nuevo diccionario universitario de Webster II]. Boston: Houghton Mifflin Company, 1995.

New Riverside University Dictionary [Nuevo diccionario de la Universidad Riverside de Webster II]. Boston: Houghton Mifflin Company, 1984, 1988, 1994.

NOTAS

Capítulo 2

1. James Strong, *Nueva Concordancia Strong Exhaustiva* (Nashville: Grupo Nelson, 2002), "Diccionario de hebreo y caldeo," lema #2416.
2. W. E. Vine, Merrill F. Unger, y William White Jr., *Diccionario expositivo de palabras del Antiguo y Nuevo Testamento exhaustivo de Vine* (Nashville: Grupo Nelson, 1987), p. 367 de la versión en inglés.

Capítulo 3

1. James Strong, *Nueva Concordancia Strong Exhaustiva* (Nashville: Grupo Nelson, 2002), "Diccionario griego del Nuevo Testamento", lema #1161.

Capítulo 4

1. *Webster's II New College Dictionary* [Nuevo diccionario universitario de Webster II], s.v. "joy."

Capítulo 5

1. *Webster's II New Riverside University Dictionary* [Nuevo diccionario de la Universidad Riverside de Webster II], s.v. "complicate."
2. *Webster's II New Riverside University Dictionary* [Nuevo diccionario de la Universidad Riverside de Webster II], s.v. "complicated."

3. *Webster's II New Riverside University Dictionary* [Nuevo diccionario de la Universidad Riverside de Webster II], s.v. "simple."

4. *Webster's Ninth New Collegiate Dictionary* [Noveno nuevo diccionario colegiado de Webster], s.v. "conversation."

5. Si no ha leído mi libro titulado *Si no fuera por la gracia de Dios*, le recomiendo que lo haga. Vea la lista de libros al final de este libro.

Capítulo 6

1. Exley, Richard. *Rhythm of Life* [El ritmo de la vida] (Tulsa: Honor Books, 1987), p. 36.

2. James Strong, *Nueva Concordancia Strong Exhaustiva* (Nashville: Grupo Nelson, 2002), "Diccionario griego del Nuevo Testamento", lema #5040.

Capítulo 7

1. *Webster's II New Riverside University Dictionary* [Nuevo diccionario de la Universidad Riverside de Webster II], s.v. "religion."

2. *Webster's II New Riverside University Dictionary* [Nuevo diccionario de la Universidad Riverside de Webster II], s.v. "relationship."

Capítulo 8

1. *Webster's II New Riverside University Dictionary* [Nuevo diccionario de la Universidad Riverside de Webster II], s.v. "celebrate."

¿Tiene una relación real con Jesucristo?

¡Dios lo ama! Él lo creó para ser un individuo especial, único, sin igual, y tiene un propósito específico y un plan para su vida. Y a través de su relación personal con su Creador—Dios—usted puede descubrir una forma de vivir que verdaderamente satisfará su alma.

Sin importar quién sea usted, lo que haya hecho o dónde se encuentre en su vida en este momento, el amor y la gracia de Dios son mayores que su pecado y sus errores. Jesús voluntariamente entregó su vida para que usted reciba perdón de Dios y tenga una nueva vida en Él. Jesucristo solo está esperando a que lo invite a ser su Salvador y Señor.

Si usted está listo para entregarle su vida a Jesucristo y seguirlo, lo único que tiene que hacer es pedirle que perdone sus pecados y que le dé un comienzo fresco en la vida que Él planeó que usted viviera. Comience haciendo esta oración.

> *Señor Jesús, gracias por dar tu vida por mí y por perdonar mis pecados para que pueda tener una relación personal contigo. Estoy sinceramente arrepentido por los errores que he cometido, y ahora sé que te necesito para ayudarme a vivir correctamente.*
>
> *Tu palabra dice en Romanos 10:9: "Que si confesares con tu boca que Jesús*

*es el Señor, y creyeres en tu corazón que
Dios le levantó de los muertos, serás salvo".
Creo que Tú eres el hijo de Dios y te con-
fieso como mi Salvador y Señor. Tómame,
así como soy, y obra en mi corazón, ha-
ciéndome la persona que quieres que yo
sea. Quiero vivir para ti, Jesús, y estoy tan
agradecido que me estés dando un nuevo
comienzo en mi nueva vida contigo hoy.*

¡Te amo, Jesús!

¡Es tan maravilloso saber que Dios lo ama tanto!
Él quiere tener una relación profunda e íntima con
nosotros que crezca todos los días a medida que pasamos tiempo con Él en oración y estudio bíblico. Y
queremos animarlo en su nueva vida en Cristo.

Por favor, visite joycemeyer.org/salvation para so-
licitar el libro de Joyce *Una nueva forma de vivir,*
como un regalo para usted. También tenemos otros
recursos gratuitos en línea para ayudarlo a progresar
en procurar todo lo que Dios tiene para usted.

¡Felicidades por su nuevo comienzo en su vida en
Cristo! Esperamos escuchar pronto noticias suyas.

ACERCA DE LA AUTORA

Joyce Meyer es una de las maestras bíblicas con un enfoque práctico más reconocidas. Su programa de TV y radio, *Disfrutando la vida diaria*, se transmite en cientos de canales de televisión y estaciones de radio en todo el mundo.

Joyce ha escrito más de 100 libros inspiradores. Sus libros de mayor venta incluyen: *Pensamientos de poder; Mujer segura de sí misma; Luzca estupenda, siéntase fabulosa; Empezando tu día bien; Termina bien tu día; Adicción a la aprobación; Como oír a Dios; Belleza en lugar de cenizas* y *El campo de batalla de la mente*.

Joyce viaja mucho, celebrando congresos a lo largo del año y les habla a miles alrededor del mundo.

DIRECCIONES DE JOYCE MEYER MINISTRIES

Joyce Meyer Ministries
P.O. Box 655
Fenton, MO 63026
USA
(636) 349-0303 (fuera de EE. UU.)
1-800-727-9673
www.joycemeyer.org

Joyce Meyer Ministries | Canadá
P.O. Box 7700
Vancouver, BC V6B 4E2
Canada
(800) 868-1002

Joyce Meyer Ministries | Australia
Locked Bag 77
Mansfield Delivery Centre
Queensland 4122
Australia
+61 7 3349 1200

Joyce Meyer Ministries | Inglaterra
P.O. Box 1549
Windsor SL4 1GT
United Kingdom
+44 1753 831102

145

Joyce Meyer Ministries | Sudáfrica
P.O. Box 5
Cape Town 8000
South Africa
+27 21 701 1056

OTROS LIBROS POR
JOYCE MEYER

Adicción a la aprobación

La batalla es del Señor

Belleza en lugar de cenizas

La Biblia de la vida diaria

Buena salud, buena vida

Cambia tus palabras, cambia tu vida

El campo de batalla de la mente

El campo de batalla de la mente para jóvenes

El campo de batalla de la mente para niños

Come la galleta…compra los zapatos

Cómo formar buenos hábitos y romper malos hábitos

Cómo oír a Dios

La conexión de la mente

Conozca a Dios íntimamente

De mujer a mujer

El desarrollo de un líder

Devocional: El campo de batalla de la mente

Dios no está enojado contigo

La dosis de aprobación

Empezando tu día bien

Esta boca mía

El gozo de la oración de fe

Hablemos claro

Hazte un favor a ti mismo... perdona

Luzca estupenda, siéntase fabulosa

Madre segura de sí misma

Mujer segura de sí misma

No se afane por nada

La Palabra, el nombre, la sangre

Pensamientos de poder

Perfecto amor

El poder de la determinación

El poder del perdón

El poder de ser positivo

El poder secreto para declarar la Palabra de Dios

La revolución de amor

Sea la persona que Dios diseñó

Si no fuera por la gracia de Dios

Las siete cosas que te roban el gozo

Sobrecarga

Termina bien tu día

Usted puede comenzar de nuevo

Vida en la Palabra
Viva valientemente
Vive por encima de tus sentimientos